AF330665

DE

LA RÉPUBLIQUE

ET DE

LA MONARCHIE

LÉGITIME

DE
LA RÉPUBLIQUE

ET DE

LA MONARCHIE

LÉGITIME

PAR LE VICOMTE

HERVÉ DE BROC

LE MANS

A. LEGUICHEUX, IMPRIMEUR-LIBRAIRE

15, RUE MARCHANDE, 15

1871

DE

LA RÉPUBLIQUE

ET DE

LA MONARCHIE

LÉGITIME

PRÉFACE

La France en 1815 était victime d'un Bonaparte ; en 1871 elle est victime d'un Bonaparte et des républicains.

Aujourd'hui comme en 1815 un même sentiment domine tous les esprits : la lassitude.

La France en 1815 était lasse du joug de Napoléon Ier dont l'ambition immodérée lui avait attiré deux invasions. L'image d'un roi légitime et d'une famille aussi illustre par ses grandeurs que par ses infortunes, lui apparaissait comme un port après l'orage, comme un refuge où elle trouverait le calme et la sécurité après les horreurs d'une effroyable révolution et les maux causés par le règne le plus despotique qui fut jamais.

Les événements de 1815 sont déjà loin de nous. La

France qui avait rappelé les Bourbons pour guérir ses blessures, a oublié un jour qu'ils les avaient fermées. Elle est entrée de nouveau dans l'ère des révolutions aussi fécondes en malheurs qu'en enseignements. Elle a demandé la stabilité à tous les gouvernements. Tous ne lui ont donné que des assurances mensongères ; aucun n'a tenu ce qu'il promettait.

Les essais et les révolutions coûtent toujours cher à un pays. La France, plus que tout autre, en a fait la cruelle expérience, et quand elle a eu à lutter contre un ennemi puissant et implacable, elle s'est trouvée affaiblie et désarmée. C'est alors qu'elle s'est souvenue de son ancienne gloire et qu'elle s'est étonnée d'être vaincue. Terrible leçon pour une nation jadis victorieuse par ses conquêtes, comme elle l'était par sa foi, par ses lumières et par sa générosité !

Voilà cependant le fruit de nos révolutions. Elles ont fait ce que nos rivaux n'avaient pu faire. La France occupait le premier rang en Europe : ses révolutions l'en ont fait descendre.

Les gouvernements qui se sont succédé depuis 1830 n'ont eu de force que par notre faiblesse. Ils nous ont trompés par les dehors d'une fausse prospérité, et c'est sur notre mollesse et notre insouciante confiance qu'ils ont établi leur pouvoir. Ils nous ont plongés dans ce sommeil qui suit l'ivresse et l'abus des plaisirs.

Le réveil a été terrible. A peine revenu de la première

surprise causée par de si grandes infortunes, on cherche une espérance et un moyen de salut. Voilà pourquoi on songe aux Bourbons. Il semble que le malheur fasse retourner à eux comme vers une Providence toujours prête à nous secourir, et qu'ils soient pour la France sa ressource suprême dans l'adversité.

Encore une fois la monarchie légitime peut nous tirer de l'abîme où la révolution nous a précipités. Elle, qui a eu l'immortel honneur de fonder l'unité et la grandeur de la France, peut encore la sauver comme elle l'a sauvée en 1815.

C'est ce qu'on se propose de démontrer dans cet écrit.

PREMIÈRE PARTIE

DE LA RÉPUBLIQUE

CHAPITRE PREMIER

DE LA RÉPUBLIQUE — DES VERTUS RÉPUBLICAINES — DES ESSAIS DE LA RÉPUBLIQUE

Toutes les fois que les républicains ont voulu nous faire aimer la République, ils nous ont dit que c'était le gouvernement de tous par tous. Cette définition est juste ; mais pour que la République soit le gouvernement de tous par tous, il ne faut pas qu'elle ne représente que la minorité. Dès qu'elle n'a pour partisans qu'un petit nombre d'hommes qui veulent l'imposer à la majorité, elle ne saurait s'appeler la République, ni subsister dans un pays. Elle n'est plus qu'un mot vide de sens qui sert de prétexte à la licence et de voile à l'ambition.

Une chose est absolument nécessaire à la République : la vertu.

« Il ne faut pas beaucoup de probité, dit Montesquieu,
« pour qu'un gouvernement despotique ou un gouverne-
« ment monarchique se maintienne ou se soutienne.
« La force des lois de l'un, le bras du prince toujours
« levé dans l'autre règlent ou contiennent tout. *Mais*
« *dans un état populaire, il faut un ressort de plus qui*
« *est la vertu.*

« Ce que je dis est confirmé par le corps entier de

« l'histoire, et très-conforme à la nature des choses, car
« il est clair que dans une Monarchie où celui qui fait
« exécuter les lois se juge au-dessus des lois, on a
« moins besoin de vertu que dans un gouvernement po-
« pulaire où celui qui fait exécuter les lois sent qu'il y
« est soumis lui-même, et qu'il en portera le poids. »
(Esprit des Lois. Liv III. Ch. III.)

De ce qu'il faut plus de vertu dans une République
que dans une Monarchie, il ne faut pas conclure qu'un
gouvernement monarchique ne puisse être vertueux, mais
la vertu n'y est pas absolument nécessaire. Il devient
donc évident que le gouvernement républicain est le plus
difficile à établir et à conserver, puisqu'il ne peut se
passer de la vertu.

Montesquieu parlant du désintéressement qu'exige le
gouvernement populaire dit : « Dans les Républiques la
» vertu demande qu'on fasse à l'état *un sacrifice conti-*
« *nuel de soi-même et de ses répugnances.* (Esprit des
« Lois. Liv. IV. Ch. XIX. Lorsque cette vertu cesse,
« l'ambition entre dans les cœurs qui peuvent la re-
« cevoir. *On était libre avec les lois, on veut l'être*
« *contre elles.... la République est une dépouille, et*
« *sa force n'est plus que le pouvoir de quelques citoyens*
« *et la licence de tous.* » (Esprit des Lois. Liv. III.
Ch. III.)

L'ambition qui, suivant l'auteur de l'*Esprit des Lois,*)
a de bons effets dans une monarchie, est pernicieuse dans
une République. Il n'y a rien de plus contraire aux principes républicains que l'ambition personnelle, puisqu'elle
fait préférer les intérêts particuliers aux intérêts géné-

raux et qu'elle place la chose d'un homme au-dessus de la chose publique.

L'abnégation, le désintéressement, l'oubli de soi-même, le respect le plus absolu pour les lois, le suffrage et la la liberté, telles sont les vertus qui sont pour ainsi dire de l'essence de la République.

Ces grands principes une fois admis, parlons des essais de République tentés en France, et de la théorie, passons à la pratique.

LA RÉPUBLIQUE DE 1792

Les apologiste de la Répubique de 1792 parlent beaucoup de ses victoires et de ses conquêtes. C'est au nom de la République de 1792 que s'est faite celle du 4 septembre. Les avocats qui ont usurpé le pouvoir, ont fait un grand usage de 1792 dans leurs proclamations et dans leurs harangues, et ils ont cherché à réveiller les souvenirs de cette époque.

« La *République* a vaincu l'invasion de 1792, se sont-« ils écriés ; la République est proclamée ! »

La République de 1792 a vaincu l'étranger ; mais ses victoires peuvent-elles effacer les crimes qu'elle a commis et le sang qu'elle a versé ? 93, la Terreur, la les massacres de septembre, l'échafaud en permanence, le meurtre de Louis XVI, ceux de Marie Antoinette, de madame Élisabeth de France, de la princesse de Lamballe, le martyre de Louis XVII, telles sont les pages sanglantes et détestées de cette funeste République de 1792.

Les victimes de la République de 1792 sont innom-

brables. Le révolutionnaire Prud'homme en a tenu regis-
tre avec le plus grand détail. En voici le dénombre-
ment (1) :

Nobles	1,278
Femmes nobles	250
Femmes de laboureurs et d'artisans . .	1,467
Religieuses	350
Prêtres.	1,635
Hommmes non nobles de divers états. .	13,633
Total	18,613
Femmes mortes de frayeur ou par suite	
de couches prématurées.	3,400
Femmes enceintes et en couches. . . .	348
Femmes tuées dans la Vendée.	15,000
Enfants tués dans la Vendée.	22,000
Morts dans la Vendée.	900,000
Total.	940,748
Victimes sous le proconsulat de Carrier	
à Nantes.	32,000
Parmi lesquelles il faut compter :	
Enfants fusillés	500
Enfants noyés.	1,500
Femmes fusillées	264
Femmes noyées.	500
Prêtres fusillés.	300
A reporter.	994,425

______

(1) On ne comprend pas dans cette énumération les victimes im-
molées dans les massacres de Versailles, des Carmes, de l'Abbaye,
d'Avignon, de Marseille, etc.

Report.	994,425
Prêtres noyés.	460
Nobles noyés.	1,400
Artisans noyés.	5,300
Victimes à Lyon.	31,000
Total général.	1,032,585

LA RÉPUBLIQUE DE 1848

La république de 1848, née de l'émeute, ne fut d'abord proclamée que par les vociférations de la populace, et son joyeux avénement fut signalé par les sanglantes journées de juin.

Cet état violent et provisoire fut remplacé par une Assemblée constituante qui proclama la République dont Bonaparte fut élu président par la nation.

De ce que la France eut la République jusqu'en 1852, il ne faut pas conclure qu'elle était républicaine.

Tel est l'amour de repos et de sécurité qui domine tous les esprits, (et qui vient de la lassitude des révolutions), que toutes les fois qu'un gouvernemènt a promis à la France de lui rendre la paix et la prospérité, elle l'a cru sur parole et s'est soumise avec docilité à l'essai qu'on lui proposait. Quand on lui a présenté en 1848 la République comme devant lui donner ce qu'elle souhaitait, elle l'a acceptée quoi qu'avec répugnance, parce qu'elle n'a jamais aimé la forme républicaine, et cet éloignement est parfaitement justifié par les désordres et les calamités qui ont accompagné les essais de République depuis 1792.

Qu'on ne dise donc pas que la France est républicaine

parce qu'elle accepta la République en 1848. Elle l'est si peu que, pour ne pas conserver la République, elle aima mieux approuver par neuf millions de suffrages le coup d'état du 2 décembre et se donner à Bonaparte qu'elle avait élu président, peut-être avec l'espoir secret qu'il renverserait la République.

LA RÉPUBLIQUE DU 4 SEPTEMBRE

La République du 4 septembre s'imposa à la France, au mépris du suffrage universel qu'elle prétendait représenter.

L'Empire était vaincu à Sedan, et nos défaites étaient d'autant plus cruelles qu'on avait prévu que la victoire. Le trouble et la douleur étaient dans tous les esprits. Les républicains ne virent dans l'état de la France qu'une occasion excellente d'imposer la République, et ils ne craignirent pas d'ajouter aux calamités de la guerre celles d'une révolution. Il ne fut pas bien difficile de faire envahir la Chambre par la populace et de s'emparer de l'Hôtel-de-Ville, comme le fit depuis, avec autant de droit, la Commune incendiaire de Paris. On eut l'étonnant spectacle de républicains imitant le coup d'état du 2 décembre contre lequel ils s'étaient indignés tant de fois.

Ce gouvernement révolutionnaire s'intitula le Gouvernement de la défense nationale, mais, par une singulière contradiction, ce gouvernement qui s'était nommé lui-même, proclama la République au nom de la nation qui n'était pas consultée.

Voici les deux proclamations qu'il adressa l'une au peuple de Paris, l'autre à tous les Français :

PROCLAMATION DE LA RÉPUBLIQUE.

Citoyens de Paris,

La République est proclamée.

Un Gouvernement a été nommé d'acclamation.

Il se compose des citoyens :

Emmanuel Arago, Crémieux, Jules Favre, Jules Ferry, Gambetta, Garnier-Pagès, Glais-Bizoin, Pelletan, Picard, Rochefort, Jules Simon, représentants de Paris.

Le général Trochu est chargé des pleins pouvoirs militaires pour la Défense nationale. Il est appelé à la présidence du Gouvernement.

Le Gouvernement invite les citoyens au calme ; le peuple n'oubliera pas qu'il est en face de l'ennemi.

Le Gouvernement est avant tout un gouvernement de défense nationale.

Le Gouvernement de défense nationale,
Arago, Crémieux, Jules Favre, Ferry, Gambetta, Glais-Bizoin, Garnier-Pagès, Pelletan, Picard, Rochefort, Simon, général Trochu.

PROCLAMATION AU PEUPLE FRANÇAIS.

Français !

Le peuple *a devancé la Chambre* qui hésitait. *Pour sauver la patrie en danger, il a demandé la Répu-blique.*

2

Il a mis ses représentants non au pouvoir, mais au péril.

La République a vaincu l'invasion en 1792 ; la République est proclamée.

La Révolution est faite au nom du droit, du salut public.

Citoyens, veillez sur la cité qui vous est confiée ; demain, vous serez, avec l'armée, les vengeurs de la patrie !

Suivent les signatures.

Il y aurait bien des réflexions à faire sur ces deux proclamations. « La République est proclamée ! » Par qui ? « Un gouvernement est nommé d'acclamation ! » L'acclamation est un moyen bien commode, mais en même temps bien suspect pour faire un gouvernement. Suffit-il de l'acclamation de quelques émeutiers d'une ville pour donner un gouvernement à tout un pays ? Que devient donc le grand principe du suffrage universel qui est l'essence même de la République ?

« La Révolution est faite au nom du droit, » comme si la révolution pouvait être faite au nom du droit, elle qui méconnaît tous les droits ! mais au nom de quel droit ? Du droit de ceux qui la font ?

Il est inutile, on le sent, de disserter sur ces étranges proclamations où l'absurdité révolte le bon sens. Les républicains ont si bien compris la fausseté de leur situation, qu'ils ont essayé de légitimer leur usurpation par des promesses qu'ils n'ont jamais tenues et qu'ils avaient sans doute l'intention de ne pas tenir.

Voici leurs déclarations officielles qu'il est bon de re-mettre sous les yeux :

CIRCULAIRE DE M. GAMBETTA AUX PRÉFETS.

Journal officiel du 8 septembre.

« Le Gouvernement de la défense nationale a été com-« posé par le peuple de ses propres élus : *il représente en* « *France le grand principe du suffrage universel.* »

Comment les avocats du 4 septembre étaient-ils les élus de la France qui ne les avait pas nommés? Ils étaient députés de Paris; mais depuis quand les députés de Paris ont-ils le droit de se substituer à la Chambre? Rien n'empêcherait les députés de Marseille ou de Lyon d'avoir la même prétention.

Les hommes du 4 septembre ne peuvent pas dire que leur gouvernement était nommé par le peuple de Paris, puisque celui-ci ne fut consulté par plébiscite que le 3 novembre. D'ailleurs, le suffrage universel s'étend à toute la France, et ce n'est pas le peuple de Paris seul qui peut l'exercer.

Journal officiel du 6 décembre.

A L'ARMÉE.

« Nous ne sommes pas le Gouvernement d'un parti ; nous sommes le Gouvernement de la Défense nationale. » *(Signature de tous).*

Si ce gouvernement était véritablement un Gouverne-ment de Défense nationale, pourquoi a-t-il proclamé la République qui ne représente qu'un parti et le moins nombreux de tous? Pourquoi parler de la République à tout propos comme le faisait M. Gambetta dans ses circulaires et ses harangues ? Pourquoi au bas des dépêches et des proclamations ce cri de : Vive la République ! qui, précédait celui de : Vive la France ! quand les hommes du 4 septembre donnaient une constitution à l'Algérie, quand ils supprimaient les conseils généraux et les conseils municipaux, était-ce de la Défense nationale ? qu'ils répondent à ces questions.

CIRCULAIRE DE M. JULES FAVRE AUX REPRÉSENTANTS DE LA FRANCE.

« La résolution de convoquer le plus tôt possible une
« Assemblée, résume notre politique toute entière. *En*
« *acceptant* la tâche périlleuse que nous imposait la chute
« du Gouvernement impérial (1), nous n'avons eu qu'une
« pensée : défendre notre territoire ; sauver notre hon-
« neur, et *remettre à la nation le pouvoir qui émane*
« *d'elle, que seule elle peut exercer.* Nous aurions voulu
« que ce grand acte s'accomplît sans transition ; mais
« c'est là ce que comprendront ceux qui nous jugent sans
« passion.

« *On nous objecte que le Gouvernement qu'elle s'est*
« *donné* (2) *(la France), est sans pouvoir régulier pour*
« *la représenter. Nous le reconnaissons loyalement, c'est*

(1) M. Jules Favre et les avocats du 4 septembre pouvaient-ils être sincères, quand ils disaient qu'ils avaient *accepté* un pouvoir dont ils s'étaient emparé et qu'ils s'obstinaient à conserver sans consulter la nation ?

(2) Voilà comment parlait le chef des républicains honnêtes. Si la France *s'était donné* le Gouvernement du 4 septembre ainsi que le dit M. J. Favre, il eut été inutile de la consulter : ce Gouvernement eut été régulier. Mais ce Gouvernement s'était imposé à elle et refusait de la consulter.

« *pourquoi nous appelons tout de suite une Assemblée*
« *librement élue.* »

L'engagement de convoquer au plus vite une Assemblée nationale était formel. Cependant cette Assemblée
que le Gouvernement du 4 septembre devait appeler *tout
de suite*, ne fut convoquée que le 29 *janvier* 1871, c'est-
à-dire quand la France, accablée sous le poids de l'invasion, des défaites et des capitulations, n'avait plus qu'à
subir une paix devenue inévitable !

Mais, dit-on, le Gouvernement du 4 septembre a voulu
que la France nomma une Assemblée, et il a même décrété
par deux fois les élections ; seulement ces élections étaient
impossibles. Nous n'avons pas oublié, en effet, qu'il fît
sur les élections deux décrets, qu'il annula au moment où
elles allaient avoir lieu. M. Gambetta arriva exprès de
Paris, en ballon, pour les empêcher. Les défenseurs des
républicains du 4 septembre objectent que les élections
étaient impossibles. C'était le thème de tous les organes
officiels ou officieux de la délégation de Tours. Mais alors
les républicains du 4 septembre, en décrétant les élections, n'étaient donc pas de bonne foi, et quand ils s'en-
gageaient à convoquer *tout de suite* une Assemblée, ils
avaient donc l'intention de ne pas tenir cet engagement.

Il n'y a point de milieu : ou les élections étaient
possibles et dans ce cas ils étaient coupables de les empêcher, ou elles étaient impossibles et alors ils nous
trompaient sciemment en les décrétant.

Mais si les républicains du 4 septembre refusaient de
faire appel au suffrage universel, respectaient-ils du moins
ce qui en était issu ? Les faits vont répondre pour eux.

CE QUE LA RÉPUBLIQUE DU 4 SEPTEMBRE A FAIT DU
SUFFRAGE UNIVERSEL.

Ce n'était pas assez pour les républicains du 4 septembre de s'être substitués à une Chambre qu'ils avaient dissoute de leur propre autorité et de refuser d'en laisser nommer une autre. Ces partisans déclarés du suffrage universel supprimèrent tout ce qui sortait de l'élection. Il n'y eut plus ni députés, ni conseillers généraux, ni conseillers d'arrondissement, ni conseillers municipaux. Tout cela fut proscrit au nom de la République et de la liberté. Il est juste de dire que les conseils généraux furent remplacés *par des commissions départementales instituées par le Gouvernement, sur la proposition d'urgence des préfets !*

L'Empire, qui avait inventé le ridicule système des candidatures officielles, ne se faisait guère de scrupule d'influencer les élections. La République du 4 septembre fit mieux ; elle supprima les élections.

Tels furent les actes de ce Gouvernement qui avait dit *qu'il représentait en France le grand principe du suffrage universel.*

CE QUE NOUS COUTE LA RÉPUBLIQUE DU 4 SEPTEMBRE

La République du 4 septembre nous coûte l'Alsace, une partie de la Lorraine, 4 milliards (1), l'insurrection de Paris du 18 mars et ses terribles conséquences.

(1) Si ce chiffre semble exagéré, on n'a qu'à relire le discours de M. Thiers du 20 juin dernier à l'Assemblée nationale. M. Thiers déclare que les dépenses entières de la guerre s'élèvent à 3 milliards,

La République du 4 septembre a jugé à propos de continuer la guerre en nous promettant de nous sauver ; il est juste qu'elle soit rendue responsable de nos désastres. Si elle avait triomphé de l'invasion, combien elle ne manquerait pas de s'en prévaloir? Quel argument les républicains en tireraient en faveur de la République! Vraiment il serait trop commode qu'elle eût les honneurs du triomphe qu'elle nous aurait fait obtenir et qu'elle fut déclarée innocente de la ruine et des malheurs qu'elle nous a causés.

Depuis Sedan, que de revers, que de capitulations et de défaites n'a-t-on pas à déplorer ! Quelqu'un pourra-t-il soutenir que tous ces désastres, qui sont l'œuvre de la République, n'aient pas eu d'influence sur le traité de paix? Qui donc en est responsable si ce n'est la République du 4 septembre qui s'obstinait dans la lutte sans consulter la nation?

L'Assemblée nationale, en ratifiant les préliminaires de paix le 1er mars, a eu soin de constater qu'elle cédait à une nécessité qu'elle n'avait pas créée. « L'Assemblée natio-

---

ce qui, joint à l'indemnité de 5 milliards, donne le total de 8 milliards.Il dit que si l'on avait traité à l'époque où commença la guerre à outrance sur la Loire, la dépense n'aurait pas dépassé 1 milliard 500 millions et l'indemnité aurait été de 2 milliards et demi au lieu de 5 milliards, total 4 milliards. Il s'est résumé ainsi : « Ceux qui ont fait la guerre nous ont condamnés à la dépense né-
« cessaire de 4 milliards ; ceux qui l'ont prolongée trop ont doublé
« le désastre et la dépense.»La République du 4 septembre nous coûte donc 4 milliards pour la guerre seulement, et en le disant on est encore au-dessous de la vérité, car pour se rendre un compte exact de ce qu'elle nous coûte, il faudrait savoir quel eût été le chiffre de l'indemnité et celui des dépenses si la guerre s'était terminée à Sedan, c'est-à-dire au moment où les républicains ont jugé à propos de la continuer.

» nale, subissant les conséquences de faits dont elle n'est
«- pas l'auteur approuve les préliminaires de paix, etc. »

L'insurrection de Paris a encore aggravé le traité de
paix, mais sur qui en retombe l'effroyable responsabilité?
Sur un républicain du 4 septembre, sur M. Jules Favre.
Lui-même s'en est accusé à la Chambre : « j'ai combattu
« trois jours, durant l'exigence du vainqueur, et Dieu
« sait avec quelle insistance il voulait entrer dans Paris
« et *désarmer la garde nationale.* J'ai cru qu'il était
« de mon devoir de lui épargner cette humiliation,
« je me suis trompé, j'en demande pardon à Dieu et aux
« hommes. »

Cette erreur nous a coûté trop cher pour que l'aveu de
M. Jules Favre puisse l'excuser et la faire pardonnner (1).
Sans doute M. Jules Favre a été trompé, mais c'est encore
par ces théories républicaines suivant lesquelles la garde
nationale doit rester armée dans un État.

Le républicanisme modéré est aussi dangereux et aussi
fatal que le socialisme. L'un agit sans préméditation et se
borne à suivre les maximes et les errements de son école;
l'autre agit de propos délibéré, mais les résultats sont
absolument les mêmes.

---

(1) Un journal anglais, le *Daily Telegraph*, calculait que cette
insurrection avait coûté plus de 34 millions par jour, c'est-à-dire
plus d'un milliard par mois. Il comprenait dans ce chiffre les dépenses
de l'armée à Versailles, la solde des gardes nationaux de Paris, les
frais de guerre des insurgés, les pertes immenses occasionnées au
commerce et à l'industrie, etc., etc. On a dit aussi que ce que l'incendie avait détruit à Paris représentait la valeur d'un milliard.

CHAPITRE DEUXIÈME

DE LA RÉPUBLIQUE ET DES RÉPUBLICAINS

Quand on parle aux républicains des dictatures républicaines et des excès démagogiques : « Tout cela « répondent-ils, ce n'est pas la République. La théorie « est innocente des fautes ou des crimes commis dans la « pratique. »

Nous le reconnaissons sans peine, ce que nous avons dit de la République et des vertus républicaines fait assez voir que les républicains Français ont constamment démenti leurs doctrines et qu'ils ne nous ont donné que le despotisme ou l'anarchie sous le nom de République. Mais cela prouve que les partisans de la République en France ne sont pas républicains, ni même libéraux. Or pour établir la République il faudrait des républicains, et nous entendons par républicains des hommes pénétrés des principes républicains, ayant les vertus républicaines, mettant la chose publique au-dessus des intérêts d'un parti. Mais c'est ce qui nous manque absolument.

On peut diviser les républicains en quatre sectes qui se combattent les unes les autres.

1re secte : les républicains honnêtes qui n'ont jamais pu réaliser leur théorie.

2ᵉ secte : les républicains qui professent la même théorie et qui la méconnaissent dans la pratique; cette seconde secte est reniée par la première.

3ᵉ secte : les partisans de la République de droit divin qui mettent la République au-dessus du suffrage universel et de la volonté de la nation ; cette troisième secte est reniée par les deux autres.

4ᵉ secte : les rouges, les socialistes, les communeux, qui sont désavoués par les trois précédentes.

I. Les républicains de la 1ʳᵉ secte appartiennent à l'école sentimentale et platonique. Ils passent leur temps à condamner les excès démagogiques et à nous assurer que leur République reste pure des folies de M. Gambetta et ou des erreurs de M. Jules Favre. Leur République est *sereine* suivant l'expression de M. Victor Lefranc. Mais que nous importe qu'elle soit admirable dans la théorie si l'on ne peut y atteindre dans la pratique ? De quelle utilité peut être pour un état un Gouvernement qui ne sort pas du domaine de l'imagination de la rêverie ?

II. La seconde secte est plus importante parce qu'on l'a vue à l'œuvre. Dans cette secte il faut naturellement nommer les républicains du 4 septembre. N'allez pas croire que leur doctrine diffère de celle des républicains de la 1ʳᵉ secte; elle est d'une plus grande pureté. Ecoutez plutôt M. Gambetta disant à la tribune du Corps législatif le 5 mai 1870 :

« *Sous la forme républicaine, au moins, la puissance*
« *du suffrage universel n'est pas mensongère, elle est*
« *réelle*, et si on me dit qu'on en a pas encore essayé je
« répondrai que c'est une raison de plus pour le faire...

« S'il y a contradiction entre les droits de la souveraineté
« et ceux du pouvoir qui a la prétention de la représenter,
« *c'est à ce dernier de céder...*

« L'exercice de la souveraineté existe surtout dans une
« certaine institution. Qu'est-ce en effet que l'exercice
« réelle de la souveraineté nationale? C'est le droit par
« la nation d'avoir la direction et le dernier mot dans
« toutes les affaires qui l'intéressent. *Si un pouvoir quel-*
« *conque* peut tenir en échec la volonté du peuple, la
« souveraineté nationale est violée.

« *Je suppose que le pays veuille la paix, que vous qui*
« *le représentez vouliez la paix et que le pouvoir exé-*
« *cutif penche au contraire pour la guerre ; il faut*
« *que le dernier mot dans cette question soit au pouvoir*
« *qui représente le pays ; c'est-a-dire au pays lui-même.*
« Il faut que sa volonté puisse se manifester directement,
« ouvertement ; que l'on ne vienne pas dire qu'il a le vote
« du contingent, le vote du budget pour faire entendre
« son opinion, cela n'est pas suffisant pour la vérité du
« principe. *Il faut qu'il ait le dernier mot, que tout*
« *s'incline devant sa volonté, autrement la souveraineté*
« *nationale n'existe pas et le peuple est joué.* »

Le même homme qui professait un respect si absolu
pour le suffrage universel, le 5 mai 1870, supprimait la
même année les conseils généraux, les conseils d'arron-
dissements et les conseils municipaux ; il s'opposait de
toutes ses forces à la convocation d'une Assemblée élue
par le pays qui put faire la paix ou décider la continuation
de la guerre.

Les républicains ont regardé les lois de bannissement

comme une injustice et une atteinte aux grands principes de liberté et d'égalité. Ils nous ont assuré que la République n'interdirait l'entrée de la France à aucun Français.

Lorsque les princes d'Orléans firent sous l'Empire une pétition pour solliciter l'abrogation des lois qui les exilaient, les républicains votèrent en faveur de cette pétition. Dernièrement, l'Assemblée nationale a abrogé ces lois par 484 voix contre 103. La majorité monarchique vota pour leur abolition. Mais le parti républicain sans trop se soucier, s'il était conséquent avec lui-même, se prononça presque tout entier pour leur maintien. On vit quelques-uns de ceux qui, le 2 juillet 1870, sous l'Empire, avaient voté pour la rentrée des princes en France, voter contre leur retour le 8 juin 1871, sous la République, de telle sorte que si la République abolit les lois d'exception, c'est grâce aux monarchistes, et malgré les républicains.

Après tout, les républicains qui ont donné un démenti si éclatant à leurs principes et à leur passé en cette occasion, ne sont pas plus inconséquents que ceux qui en exaltant le suffrage universel refusaient obstinément de le consulter et s'empressaient de dissoudre tout ce qui était issu de l'élection.

Tels sont les républicains de la seconde secte. Ils sont républicains sous la Monarchie et despotiques sous la République. Ils professent bien la théorie républicaine pure ; seulement ils la violent ouvertement dans la pratique.

III. Si étrange et même si ridicule que paraisse la

théorie de la République de *droit divin*, elle a cependant trouvé de nos jours des partisans. Des républicains, qui se moquent du droit divin de la royauté comme d'une vieillerie, l'ont fait revivre en faveur de la République. Les républicains du 4 septembre ont admis dans la pratique ce qu'ils rejettent dans la théorie, car, en imposant la République sans consulter la nation, en supprimant tout ce qui était issu du suffrage et en refusant d'y faire appel, ils sont arrivés sans le vouloir à la République de *droit divin*. Les républicains partisans du droit divin de la République ont compris que l'immense majorité des Français est monarchique et répugne à la forme républicaine. Ils ont trouvé plus court de dire que la République était au-dessus de la volonté de la nation. Cette thèse a été soutenue ouvertement par M. Louis Blanc en pleine Assemblée. Il disait à la séance du 16 février dernier :

« S'il est une institution qui ait par essence, un carac-
« tère non provisoire, la République est cette institution,
« par la raison qu'elle est *la forme, je ne dirai pas natu-*
« *relle, mais nécessaire de la souveraineté populaire,*
« *parce que le suffrage universel lui-même ne peut*
« *rien contre la République. (Applaudissements à gau-*
« *che. Exclamations.)*

« *Je répète que le suffrage universel lui-même ne*
« *peut rien contre la République,* parce qu'une généra-
« tion présente ne peut confisquer le droit des géné-
« rations futures, parce que, si le suffrage universel
« établissait l'hérédité monarchique qui suppose l'immuta-
« bilité, il se suiciderait, il perdrait par cet acte sa rai-

« son d'être. La souveraineté d'aujourd'hui ne peut pré-
« valoir contre la souveraineté de demain. *La République*
« *n'a donc pas besoin d'être reconnue pour exister, et je*
« *rappellerai pour le lui appliquer un mot dont je ne*
« *veux pas nommer ici l'auteur : la République Fran-*
« *çaise est comme le soleil, aveugle qui ne la voit pas.* »
(Applaudissements à gauche.)

Pour discuter de pareilles théories, il faudrait pouvoir
les comprendre, et on se demande ce qu'elles signifient.
Si la République est la forme nécessaire de la souveraineté nationale, le suffrage universel n'est donc pas libre,
puisqu'il ne peut choisir entre deux formes de gouvernement celle qui lui convient le mieux et qu'il est obligé de
subir la République malgré lui : « la République est
comme le soleil, aveugle qui ne la voit pas ! » Ces phrases
sont tellement vides de sens qu'on ne comprend pas
qu'elles puissent être débitées sérieusement.

IV. La quatrième secte républicaine comprend les
rouges, les socialistes et tous les démagogues. On ne
peut la regarder comme une école politique. Mais elle
est un instrument entre les mains des républicains modérés qui s'appuient sur elle en la désavouant. Les républicains qui sont modérés avec les honnêtes gens, essayent
de ne pas le paraître avec les démagogues afin d'obtenir
leurs suffrages. Les hommes du 4 septembre relâchaient
Mégy et admettaient Rochefort dans leur gouvernement.
MM. Favre, Picard, Simon, Ferry, etc., comptent bon
nombre de leurs électeurs parmi les démagogues et les
insurgés du 18 mars.

Les rouges, les socialistes, les communeux forment la

majorité du parti républicain. Aux yeux du vulgaire, ils représentent à eux seuls la République et la lui rendent odieuse et redoutable. L'habitant des campagnes et l'honnête commerçant ne savent pas démêler les différentes sectes républicaines les unes d'avec les autres ; ils les confondent toutes. Pour eux, ceux qui pillent, qui assassinent et qui incendient au nom de la République sont les seuls républicains. Ils ne séparent pas les hommes qui ont fait le 18 mars de ceux qui ont fait le 4 septembre, et ne voient dans la République que le désordre et l'anarchie. Cela se conçoit, quand un parti lui-même est divisé en plusieurs sectes ; on juge du parti en général par la secte la plus nombreuse. Or, les rouges composent la majorité du parti républicain qui est une minorité dans le pays. Les républicains honnêtes ne sont qu'une minorité dans une minorité. Et d'ailleurs, pourquoi mériteraient-ils qu'on fît une si grande distinction entre eux et les démagogues ? Ne sait-on pas qu'ils les flattent, qu'ils recueillent leurs voix et qu'ils en ont besoin pour la République ? Jamais ils n'arriveraient à siéger à la Chambre, s'ils n'avaient que les voix des honnêtes gens de leur parti.

DISTINCTION QUE LES RÉPUBLICAINS FONT ENTRE EUX.

Les républicains modérés savent très-bien qu'on les confond d'ordinaire avec les démagogues et que cette confusion porte un coup mortel à leur parti. Ils espèrent y remédier en proclamant bien haut la distinction que l'on doit faire entre les républicains honnêtes et ceux qui ne le sont pas. Mais on vient de voir que s'ils réprouvent les excès de la démagogie, ils ne laissent pas de compter avec elle et de la faire servir à leurs intérêts et à leurs desseins.

Lorsqu'on parle des monarchistes, on ne demande pas s'ils sont honnêtes ; on l'admet sans difficulté. On sait que l'honnêteté est le premier de tous leurs principes.

Jamais on ne trouvera un monarchiste parmi ceux qui pillent, qui incendient et qui prêchent la révolte.

La distinction que les républicains sont obligés de faire entre eux est injurieuse pour leur parti : mais les républicains honnêtes sentent si bien qu'elle leur est nécessaire qn'ils ont coutume, pour rassurer les esprits, de faire parade de leur honnêteté comme d'une vertu qui n'est pas ordinaire dans leur parti.

CHAPITRE TROISIÈME

VAINS ARGUMENTS EN FAVEUR DE LA RÉPUBLIQUE

Les républicains pour nous engager à adopter la République ont tiré leurs arguments des circonstances.

Après Sedan, la République était proclamée par les avocats du 4 septembre, pour délivrer la France de l'invasion et pour la rendre victorieuse.

Comme elle a perdu la France, au lieu de la sauver, on a demandé à l'Assemblée, après le 18 mars, d'adopter la République définitivement, comme un moyen de mettre fin à une *lutte fratricide*. Les républicains furent encore plus mal inspirés dans cette occasion. L'èspoir de donner satisfaction à des bandits et à des factieux n'était pas fait pour séduire les adversaires de la République. Un tel motif eut plutôt éloigné beaucoup de ses partisans. D'ailleurs une République honnête et modérée ne pouvait contenter des gens qui ne veulent que l'incendie, l'assassinat et le pillage. Dès que l'insurrection de Paris a été vaincue, les républicains ont dit qu'il fallait proclamer la République, parce que c'est elle qui l'avait vaincue. Ainsi la République était bonne pour arrêter l'insurrection et elle l'est encore aujourd'hui, parce qu'elle a triomphé. Malheureusement c'est elle qui l'a causée. La République du 4 septembre avait armé sans distinction toute la garde nationale de Paris pendant le siége; M. Jules Favre a obtenu de M. de Bismark, après bien des efforts, qu'elle ne fût pas désarmée, et il a laissé à l'insurrection les moyens de tenir en échec notre armée pendant deux mois.

Les républicains ont encore d'autres arguments. La République, disent-ils, est le seul gouvernement qui puisse nous mettre à couvert des Révolutions. C'est précisément la République qui les fait. 93, les journées de juin, le 18 mars ne sont pas des préservatifs contre la Révolution.

Les républicains pour dégoûter de la Monarchie, affectent de parler du luxe qui l'environne. Ils supputent complaisamment les dépenses d'une Cour et les fantaisies Royales. Qu'ils se rassurent. Il n'y a point de Monarchie qui puisse être aussi ruineuse que la République du 4 septembre, qui nous coûte l'Alsace, une partie de la Lorraine, 5 milliards et l'insurrection du 18 mars. Ce seul exemple prouve que la République n'est pas toujours une économie.

Le plus grand obstacle à l'établissement de la République, c'est qu'il n'y a pas de républicains. Les républicains réputés honnêtes, ont donné le démenti le plus éclatant à leurs doctrines. Les rouges et les socialistes ont effrayé et ont rendu la République odieuse à beaucoup de gens. Il reste donc quelques utopistes qui nous ont fait entrevoir une République idéale sans pouvoir nous la faire goûter autrement qu'en imagination.

On remarquera que l'opposition à la République ne vient pas des monarchistes. Ils se sont toujours prêtés docilement aux essais de République qu'on a voulu tenter, de telle sorte, que si ceux qui se disent républicains, avaient été réellement républicains, quoiqu'ils fussent la minorité, l'établissement de la République était encore possible. Mais l'obstacle est venu précisément de ceux qui prétendaient la fonder (1).

L'immense majorité des Français, par conviction et par instinct, comprend que la République ne sera jamais en France qu'un état violent, un gouvernement provisoire, une sorte d'interrègne. On ne conçoit pas qu'une République puisse durer plus de trois ou quatre années tout au plus. Tout est pour ainsi dire suspendu et interrompu pendant cette période. C'est ce qui fait que la République a toujours été nuisible aux intérêts du commerce et au crédit financier. Elle n'a jamais été accompagnée de la confiance et n'en inspirera jamais.

(1) Un républicain a dit : « Les ennemis les plus dangereux de « la république ne sont ni à Froshdorf, ni ailleurs : Ils sont dans son propre sein. » (Une visite à M. le duc de Bordeaux, par M. Ch. Didier, 6ᵉ édition, p. 104). — Il est aujourd'hui plus évident que jamais que la République est perdue par les républicains, et l'on reconnaît que, pour qu'elle puisse subsister même provisoirement, il faut commencer par en chasser tous les républicains et mettre à leur place des monarchistes.

DEUXIÈME PARTIE

DE LA MONARCHIE LÉGITIME

CHAPITRE PREMIER

PARALLÈLE ENTRE LA MONARCHIE LÉGITIME ET LA RÉVOLUTION

Peut-être n'est-il pas inutile de rappeler ce que la France doit à la Monarchie légitime, et d'opposer le tableau des bienfaits de cette antique Monarchie aux calamités et aux malheurs causés par la Révolution.

CE QUE DOIT LA FRANCE A LA MONARCHIE LÉGITIME

Parlons d'abord du territoire de la France successivement agrandi par nos rois. Le chef de la troisième race, Hugues-Capet, nous apporta le duché de France dont il était titulaire. Il nous donna Paris, ce beau Paris que vient de mutiler la Révolution.

Nous devons à Philippe Ier, le Berry ; à Philippe II, la Touraine et la Normandie ; à Philippe III, le Languedoc ; à Philippe IV, le Lyonnais et la Champagne ; à Philippe VI, le Dauphiné.

Charles V, réunit à la France le Poitou, l'Aunis, la Saintonge et le Limousin ; Charles VII, la Guyenne et le Nord de la Gascogne ; Louis XI, la Provence, le Maine, l'Anjou et la Bourgogne.

François Ier dota la France des provinces de Bretagne, d'Auvergne et du Bourbonnais. Henri IV lui apporta son patrimoine qui se composait du Béarn, du comté de Foix et du Sud de la Gascogne.

Louis XIII a conquis l'Artois et le Roussillon ; Louis XIV, la Franche-Comté, le Nivernais et cette Alsace que la République vient de céder à la Prusse.

Louis XV réunit à la France la Corse et la Lorraine dont une partie nous est arrachée aujourd'hui.

Enfin Charles X, en quittant la France, lui laissait l'Algérie.

Trouve-t-on que cette Monarchie française n'ait pas de droits à notre reconnaissance et peut-on nier que l'unité de la France soit son ouvrage ?

On parle de la gloire de Napoléon Ier, nous sommes loin de la répudier ; mais ses victoires nous ont couté deux invasions étrangères et ses conquêtes se sont écroulées avec lui. Nos rois croyaient avoir beaucoup fait quand ils acquéraient deux ou trois provinces, et leur œuvre poursuivie pendant des siècles fut durable. L'ambition immodérée et le despotisme de Napoléon Ier ne purent rien fonder.

La France, sous l'ancienne Monarchie, a joui de toutes les sortes de gloire : gloire militaire, gloire dans les arts et dans les lettres.

Cette Monarchie plaça la France au premier rang des puissances militaires.

Elle eut le bonheur d'avoir pour soutiens des guerriers comme Du Guesclin, Bayard, Turenne, Condé, et, dans les mauvais jours, Dieu lui envoyait une Jeanne d'Arc.

Le règne de Louis XIV a jeté un éclat incomparable sur la France et son souvenir impose l'admiration et le respect.

De grands ministres comme Suger, Sully, Richelieu, Mazarin, Colbert, Louvois, servaient le royaume par leur politique, pendant que de grands capitaines le servaient par leur épée.

Les lettres, encouragées par François Ier qui en était appelé le père, rehaussaient la gloire française sous le règne de Louis-le-Grand. Les savants illustraient la France par leurs travaux et par leurs découvertes, tandis que les poëtes et les artistes célébraient les merveilles dont ils étaient témoins.

Florissante au dedans, la France était respectée au dehors. Les étrangers ne prononçaient son nom qu'avec admiration, et un roi de Prusse, Frédéric II, avait une telle idée de sa puissance, qu'il disait : « Si j'étais roi « de France, pas un seul coup de canon ne se tirerait en « Europe sans ma permission. »

CE QUE COUTE A LA FRANCE LA RÉVOLUTION

La République de 1792 a répandu des torrents de sang et fait périr d'innombrables victimes. Elle a inventé les assignats et perdu Saint-Domingue.

Le premier Empire a couté à la France deux invasions et un milliard d'indemnités de guerre.

La Monarchie de juillet nous a donné trois jours de guerre civile en 1830.

La République de 1848 nous a valu les sanglantes journées de juin.

Le second Empire nous a attiré l'invasion allemande.

La République du 4 septembre nous a coûté, après des revers sans nombre, la perte de l'Alsace et d'une partie de la Lorraine, 4 milliards d'indemnités et l'insurrection de Paris.

LES BUDGETS DE LA MONARCHIE LÉGITIME ET CEUX DE LA RÉVOLUTION

Sous la Restauration, malgré les dilapidations de la révolution, les deux invasions et l'indemnité de guerre, les impôts annuels de toute nature ne dépassaient pas . 990 millions.

Sous la Monarchie de juillet ils s'élevaient à . . . . 1,500 —

Sous la République de 1848 ils s'augmentaient de 350 millions, et atteignaient le chiffre de . . . 1,850 —

Sous l'Empire ils représentaient la somme de . . . . , . . . 2,050 — c'est-à-dire un milliard de plus que sous la Restauration.

La Restauration dépensait en moyenne par année. . . . . . 1,034 —
La Monarchie de juillet. . . . . . 1,250 —
La République de 1848 . . . . . 2,520 —

Un journal financier, le *Messager de Paris*, qui nous fournit ces chiffres faisait dernièrement cette observation : « la Restauration a annulé autant de rentes qu'elle en a « émises. De son temps, la dette consolidée ne s'est

« donc point accrue. » Et après avoir examiné la marche progressive des budgets de nos divers gouvernements, il concluait que « *c'est la Restauration qui a le moins coûté à la France.*

L'exposé qu'on vient de lire plaide assez éloquemment la cause de la Monarchie légitime et peut sembler décisif. Cependant, après avoir produit les titres de gloire de cette Monarchie et énuméré ses bienfaits, démontrons qu'elle est la seule Monarchie possible, la seule qui ait un droit et une raison d'être héréditaire et qui puisse nous faire goûter la vraie liberté.

CHAPITRE DEUXIÈME

LA MONARCHIE LÉGITIME SEULE MONARCHIE POSSIBLE

« Si nous revenons à la Monarchie, disait Château-
« briand en 1814, c'est le comble de la honte et de l'ab-
« surdité de la vouloir sans le souverain légitime et de
« croire qu'elle puisse exister sans lui. (1) » Comment
les monarchistes ne le sentiraient-ils pas ? Les républicains eux-mêmes comprennent fort bien qu'il n'y a point
d'autre Monarchie possible et raisonnable que la Monarchie légitime. M. Peyrat en demandant à l'Assemblée
nationale de proclamer la République disait à la séance
du 16 mai dernier :

« *Dans tous les cas vous n'avez le choix qu'entre*
« *ces deux alternatives : ou la République, ou la Légi-*
« *timité.* »

On ne peut plus songer à établir la République en
France ; nous croyons l'avoir suffisamment prouvé par le
raisonnement et par les faits eux-mêmes. Il n'y a pas un
homme sage et de bonne foi qui ne soit forcé de le reconnaître. Les expériences ne manquent pas, sans les chercher dans les époques éloignées.

(1) De Buonaparte et des Bourbons.

On a trop oublié que les Monarchies que nous avons eues, hors du principe de la Légitimité, étaient nées de la Révolution et devaient périr par elle. Combien de gens quand on leur rappelait, haussaient les épaules en disant : « De quoi vous plaignez-vous ? Chacun ne va-t-il « pas à ses affaires comme il lui plaît ? Le commerce « n'est-il pas florissant ? Paris a-t-il jamais brillé d'un « d'un plus grand éclat ? » C'est toujours le thême de ceux qui ferment les yeux sur les origines des Gouvernements, et qui ne veulent pas voir que si ces Gouvernements peuvent donner une prospérité passagère, ils contiennent en eux le germe de leur destruction et sont condamnés à périr par la Révolution qui les a faits. Ceux-là s'étonnaient qu'on ne s'endormit pas dans la plus parfaite sécurité. Pour eux faire de l'opposition aux candidatures officielles, combattre le plébiscite de **M.** Emile Olivier, improuver la politique qui a fait l'unité Italienne et l'unité Allemande, c'était témoigner une animosité aveugle ou des craintes chimériques. Combien n'a-t-on pas vu de ces politiques à courte vue s'accomoder de tous les régimes et les soutenir pour éviter des calamités auxquelles ils nous conduisaient nécessairement ? Ils ne connaissent pas la Révolution. Ils ne savent pas qu'elle prend toutes les formes et qu'elle se sert même de certaines monarchies avec plus de succès que de la République ou de l'anarchie, parce que, grâce à ce masque, elle réussit à plaire aux révolutionaires, et à faire des dupes parmi les gens plus honnêtes que clairvoyants. Elle dit à la démagogie : « Je soutiens vos intérêts en encoura- « geant l'Internationale, en favorisant les clubs révolu-

« tionaires et en interdisant les réunions de bienfaisance
« et de piété, en tolérant les mauvais journaux et en
« suspendant les bons. » Elle dit au parti de l'ordre :
« Moi seul assure votre sécurité et votre repos ; moi seule
« ai la force de contenir le flot populaire, d'intimider les
« rouges et les socialistes. Vous voyez bien qu'il est de
« votre intérêt de me soutenir, et que le jour où vous
« serez contre moi, c'en sera fait de la prospérité et du
« bonheur du pays. »

Par ce double langage et sous cette fausse apparence
de Monarchie, la Révolution poursuit son œuvre avec
une étonnante facilité, et fait des progrès si rapides que
ceux qui les découvrent plus tard en sont épouvan-
tés.

Il faut le dire bien haut, et l'expérience nous force à le
reconnaître : toutes ces fausses Monarchies, nées de la Révolution et qui ont fait alliance avec elle, périront. Elles
dureront plus ou moins d'années, mais pas une n'échap-
pera au sort qui atteint les favoris de la Révolution. La
Révolution est comme Saturne, suivant la comparaison
d'un révolutionnaire célèbre : elle dévore ses propres en-
fants.

La Révolution ne fonde rien ; elle détruit. Elle n'est pas
un principe ; elle nie tous les principes.

Les adversaires de la Légitimité nous opposent la Restauration. Ils disent que ce gouvernement ne fut pas plus
durable que ceux qui l'ont suivi, et ils en concluent que la
Légitimité rétablie en France, aujourd'hui, aurait la
même destinée.

A cela, on peut répondre que les conditions de son ré-

tablissement seraient bien différentes de celles où se trouvait la Restauration.

Le roi Louis XVIII était sans contredit un des esprits
les plus éclairés de son temps. Mais si sage que fut la
Charte constitutionelle, cette Charte était *octroyée* par lui;
elle était un don du roi et non un contrat, un pacte entre
lui et la nation. Ce fut une grande faute et dont les conséquences ne pouvaient manquer de se faire sentir.

« Le nom même de Charte consacré par l'histoire
« d'Angleterre, remarque Madame de Staël, rappelle les
« engagements que les barons firent signer au roi Jean
« en faveur de la nation et d'eux-mêmes. Or, comment
« les concessions de la Couronne pourraient-elles deve-
« nir la loi fondamentale de l'État, si elles n'étaient que
« le bienfait d'un Monarque? » (1)

La Charte de 1814, n'étant pas un engagement réci-
proque entre le roi et la nation, pouvait donc être révoquée
par la même autorité qui l'avait donnée. Ce fut justement
ce qui arriva en 1830.

Il est donc évident que la base de la Restauration était
défectueuse. De plus la Restauration fut aux prises avec
des difficultés telles que n'en eut jamais aucun gouvernement. Elle avait à combattre une infinité de préjugés.
Elle signait une paix dont on a cherché à la rendre responsable, quoiqu'elle n'ait fait que subir, comme l'Assemblée nationale, les conséquences de faits dont elle n'était
pas l'auteur. Louis XVIII obtint les meilleures conditions
possibles et la France, en perdant les conquêtes qu'elle

(1) Considérations sur la Révolution Française, 5e partie. CH. VIIe.

avait faites depuis 1790, conserva son ancien territoire.
Mais les ennemis des Bourbons n'ont voulu tenir compte
ni de leurs bienfaits, ni des difficultés sans nombre de
leur situation. Ils ont affecté de répéter que la Restauration avait été ramenée par les baïonnettes étrangères. Ce
thême a été une source intarissable de déclamations pour
les adversaires de la légitimité. et ils s'en sont servi pour
géarer l'esprit du peuple.

Un républicain, M. Victor Lefranc a répondu dernièrement à ces calomnies : « La Restautation a été un
« gouvernement restaurateur. Et pourquoi ? *Parce qu'il*
« *n'a pas demandé l'étranger, parce qu'il apportait*
« *des libertés, parce qu'il délivrait à la fois la France*
« *du despostisme et de l'étranger. Voilà comment des*
« *Républicains jugent la Restauration* (1).

Quand on compare l'état dans lequel les Bourbons
trouvèrent la France en 1814 et 1815 et celui dans lequel
ils la laissèrent, on ne peut se défendre des sentiments de
la reconnaissance et de ceux de l'admiration. Le gouvernement de la Restauration, quoiqu'on en puisse dire, fut
un gouvernement bienfaisant et paternel ; il répara les
maux incalculables causés par la Révolution et le premier
Empire ; il fit renaître la paix et le bonheur et rendit à la
France le rang qu'elle devait occuper. Mais pour que la
Restauration put être durable, il fallait qu'elle s'appuyât
non sur une sorte d'édit royal, mais sur un engagement
mutuel entre la Monarchie et la nation. Par là, on eût
triomphé de bien des obstacles, on eût prévenu bien des

(1) Séance de l'Assemblée nationale du 18 mai.

difficultés et des défiances. La Restauration ne le fit pas. Ce fut la cause de sa chute (1).

Mais la légitimité rétablie aujourd'hui le serait sur une base durable. Il ne s'agirait plus d'une Charte octroyée par le souverain et pouvant être révoquée par ses successeurs. La royauté reviendrait rappelée par une Assemblée nationale, c'est-à-dire par la volonté de la nation elle-même. Elle règnerait avec une constitution acceptée par les représentants du pays et ne pouvant être modifiée qu'avec leur consentement.

Quel est le royaliste qui songerait aujourd'hui à ce que la Monarchie revint au nom du *droit divin*, et qui la placerait au-dessus du suffrage et de la volonté de la nation, comme le font pour la République les républicains qui la disent de *droit divin* ?

Les royalistes, loin de s'opposer à ce que la nation française se prononce librement par la voix de ses représentants, le réclament avec force. Ils soumettent pour ainsi dire la royauté à l'examen de tous les hommes éclairés et de bonne foi ; ils font appel à la raison, et ils n'avancent rien qui ne soit confirmé par l'expérience. Ce qu'ils souhaitent, c'est une constitution sagement libérale qui soit à la fois un fondement solide pour la Monarchie et un gage de paix et de confiance entre les Français et

______

(1) Une remarque qu'il ne faut pas omettre au sujet de la chute de la Restauration, c'est que lorsque ce gouvernement tomba, il laissait la France paisible et florissante. Après avoir heureusement réparé les maux qu'il n'avait pas causés, il lui léguait cette magnifique conquête de l'Algérie. La chute de l'empire fut bien différente: elle fut accompagnée de l'invasion et de la défaite. Bonaparte avait commencé la ruine de la France : Les républicains l'achevèrent.

leur roi. Ils ne comprennent pas que la légitimité puisse être autre chose qu'une Monarchie constitutionnelle rétablie par une Assemblée librement élue.

La Légitimité ainsi définie, (et elle ne saurait l'être autrement,) on n'est donc point fondé à dire qu'elle représente un principe qui est « la négation de la société « moderne et du suffrage universel (1). »

Ce qu'il faut à la France, c'est un gouvernement qui soit la fusion de l'ancien régime et du nouveau, l'alliance de ses traditions et de son passé avec les institutions modernes et les nécessités du présent. Cette fusion, cette alliance, il n'y a que la Monarchie légitime et constitutionnelle qui puisse les réaliser.

(1) Lettre du Prince Napoléon à M. J. Favre du mois de mai dernier.

CHAPITRE TROISIÈME

L'HÉRÉDITÉ ET LA LIBERTÉ AVEC LA MONARCHIE LÉGITIME

N'est-il pas absurde de prétendre établir l'hérédité dans une dynastie nouvelle, lorsqu'on rejette celle d'une race, neuf fois séculaire, sans avoir pour motif la tyrannie de ses souverains? L'hérédité est absolument nécessaire dans une monarchie, et ceux qui, par leurs talents ou des circonstances violentes, sont élevés sur un trône où ils n'étaient pas appelés par leur naissance, ont la prétention de rétablir à leur profit le principe de l'hérédité. Mais quelle apparence que ce principe soit observé pour une famille nouvelle quand il est violé pour une race royale consacrée par les siècles?

La Monarchie légitime est non seulement la seule qui ait le droit d'être héréditaire, mais la seule dans laquelle l'hérédité ait une raison d'être.

Les usurpateurs et les souverains d'aventure l'ont si bien compris qu'ils ont toujours souhaité pour eux-mêmes cette légitimité qu'ils sont impuissants à se procurer. Napoléon Ier disait : que ne suis-je mon petit-fils ! montrant par là de quel prix est pour un trône la consécration du temps. Étant premier consul, il rendait involontairement un hommage solennel à la Légitimité, quand il demandait à Louis XVIII d'abdiquer ses droits en sa faveur, lui offrant en échange un établissement en Italie et une pension considérable payée par la France, proposition aussi maladroite qu'inconvenante qui lui attira cette célèbre réponse de Louis XVIII :

« Je ne confonds pas M. Buonaparte avec ceux qui
« l'ont précédé ; j'estime sa valeur, ses talents militaires ;
« je lui sais gré de quelques actes d'administration : car
« le bien que l'on fera à mon peuple me sera toujours
« cher. Mais il se trompe s'il croit m'engager à renoncer
« à mes droits. *Loin de là, il les établirait lui-même,*
« *s'ils pouvaient être litigieux, par la démarche qu'il*
« *fait en ce moment.* J'ignore les desseins de Dieu sur
« moi et sur mon peuple ; mais je connais les obligations
« qu'il m'a imposées. Chrétien, j'en remplirai les devoirs
« jusqu'à mon dernier soupir ; fils de saint Louis, je
« saurai comme lui me respecter jusque dans les fers.
« Successeur de François Ier, je veux toujours pouvoir
« dire avec lui : tout est perdu, fors l'honneur. »

Les princes parvenus et les usurpateurs désirent posséder ce droit héréditaire que donne seule la légitimité. Ils aspirent à devenir légitimes, et c'est parce qu'ils ne peuvent l'être qu'ils cherchent à exciter les peuples contre la légitimité qu'ils convoitent sans pouvoir l'acquérir.

« La France, disait Napoléon Ier à son retour de l'île
« d'Elbe, a de *nouveaux* intérêts, de *nouvelles* institu-
« tions, une *nouvelle* gloire qui ne peuvent être garantis
« que par un gouvernement national et par une dynastie
« née dans ces *nouvelles* circonstances. »

Le prince Napoléon écrivait dernièrement ; « A une
« société *nouvelle*, il faut un symbole *nouveau* (1). »

Voilà bien le langage des usurpateurs et des souverains de hasard. Ils ne sont pas sincères quand ils
attaquent la légitimité, puissent qu'ils désirent la posséder. Ils parlent de droits nouveaux, d'institutions nouvelles, de symboles et d'intérêts nouveaux. Ils traitent
la légitimité comme un préjugé, comme une chose su-
rannée et injurieuse à la société moderne. Et en même
temps ils demandent à des monarques légitimes de leur
céder leurs droits ; il leur échappe de dire : « Ah ! si
« j'étais mon petit-fils ! si ma famille règnait depuis des
« siècles au lieu d'exister depuis un jour ! si je tenais ma
« couronne des droits de ma naissance au lieu de la devoir
« au hasard d'une révolution qui m'en dépouillera
« demain ! » Ils déclament contre la légitimité et ils la
confirment malgré eux. Leur haine contre elle ne vient
que de leur impuissance de devenirs légitimes. Inférieurs
aux princes légitimes par leur naissance, ils leur sont
aussi inférieurs par leurs sentiments, par leur caractère
et par leur gouvernement. Madame de Staël, comparant
les princes de race antique et royale aux hommes que des
événements extraordinaires ou de grands talents placent à
la tête d'une nation, remarque que la comparaison est
toute à l'avantage des princes de l'ancienne dynastie :

« Ils sont moins étonnés du pouvoir, dit-elle, puisque
« dès leur enfance, on leur a dit qu'ils y étaient destinés ;
« et ils ne craignent pas autant de le perdre, ce qui les

____

(1) Lettre du Prince Napoléon à M. J. Favre du mois de mai
dernier.

« rend moins soupçonneux et moins inquiets. Leur
« manière d'être est plus simple, parce qu'ils n'ont pas
« besoin de recourir à des moyens factices pour imposer,
« et qu'ils n'ont rien de nouveau à conquérir en fait de
« respect : les habitudes et les traditions leur servent
« de guides. Enfin l'éclat extérieur, attribut nécessaire
« de la royauté, parait convenable quand il s'agit de
« princes dont les aïeux depuis des siècles ont été placés
« à la même hauteur de rang. Lorsqu'un homme, le
« premier de sa famille, est élevé tout-à-coup à la di-
« gnité suprême, il lui faut le prestige de la gloire pour
« faire disparaître le contraste entre la pompe royale et
« son état précédent de simple particulier. Or la gloire,
« propre à inspirer le respect que les hommes accordent
« volontairement à une ancienne prééminence, ne saurait
« être acquise que par des exploits militaires ; et l'on
« sait quel caractère les grands capitaines, les conqué-
« rants portent presque toujours dans les affaires ci-
« viles (1). »

L'hérédité ayant besoin de la consécration du temps,
est toute établie dans une ancienne race, au lieu qu'elle
est encore à établir dans une famille nouvelle. De plus, si
une dynastie d'origine récente, supplante celle qui jouis-
sait des droits de l'hérédité depuis des siècles, comment
peut-elle invoquer pour elle un principe dont son avène-
ment est la violation ? Mais, objecte-t-on, l'hérédité
enchaîne la liberté d'une nation. L'hérédité n'enchaîne
pas la liberté ; elle prévient l'abus que ne manque pas

(1) Considération sur la Révolution Française. V° partie ch. 1er.

d'en faire un peuple qui peut changer ses monarques au gré de son caprice. Elle n'est pas moins indispensable au repos et à la félicité d'un pays, qu'à la force et à la durée d'une Monarchie. On sait à quels malheurs, à quels factions et à quels troubles funestes ont donné lieu les royautés électives. La chute de la Pologne et son démembrement n'ont pas eu d'autre cause. On est si convaincu de la nécessité de l'hérédité dans une Monarchie que lorsque l'on a renversé la Légitimité, on n'a rien de plus pressé que de déclarer héréditaire la dynastie nouvelle qu'on lui substitue. Mais si l'on ne rejette pas l'hérédité en principe, de fait elle cesse d'exister. On entre malgré soi dans le système électif, car dès qu'un peuple s'attribue le droit de changer de souverains comme il lui plaît, il n'y a pas de raison qu'il conserve une dynastie plutôt qu'une autre. C'est une pente sur laquelle il n'est pas possible de s'arrêter. Depuis la Révolution de 1830, la Monarchie a eu la prétention d'être héréditaire ; mais de fait elle a été élective et l'ordre de succession n'a pas été observé une seule fois.

Les adversaires de l'hérédité ont encore d'autres objections. La nation, disent-ils, possède la souveraineté, puisqu'elle a commencé par la conférer à un roi pour établir la Légitimité. Elle a donc le droit de reprendre, quand elle juge à propos, une autorité qui vient d'elle. Rien n'est plus faux que ce raisonnement. S'il était vrai que les rois légitimes ne fussent que des mandataires du peuple comme les députés, la royauté ne serait plus qu'un mot vide de sens. Ce ne serait plus le roi qui serait souverain, ce serait le peuple qui après avoir conféré sa souveraineté continuerait de l'exercer. On connaît la réponse de l'empereur Valentinien à son armée : « Il dépendait « de vous, soldats, de me choisir pour votre chef, mais « depuis que vous m'avez conféré l'Empire, ce que vous « me demandez ne dépend plus de vous, mais de « moi. »

L'hérédité n'a pas d'autre origine qu'un contrat entre le Roi et la nation. Le Roi s'engage à être le gardien des lois, et le peuple jure de lui rester fidèle et d'obéir à ses successeurs.

On suppose le cas où une dynastie produit un tyran. En admettant que la tyrannie d'un prince le rende tellement odieux, que la nation s'affranchisse de son autorité, ce ne serait point un motif pour renverser la dynastie, et on ne serait pas fondé à changer la Monarchie en changeant le Monarque. On n'exclut pas une dynastie du trône parce que son chef tombe en démence. La folie de Charles VI, roi de France, et celle de Georges III, roi d'Angleterre, n'ont pas empêché leurs Maisons de continuer à régner en observant l'ordre de succession.

Grâce au ciel, la supposition de tyrannie ne saurait s'appliquer aux Bourbons. Louis XVI et Charles X n'étaient pas des tyrans. N'est-ce pas plutôt aux Bourbons qu'il appartiendrait de se plaindre des persécutions qu'ils ont subies en France, eux dont le sang innocent a été répandu par les mains parricides des révolutionnaires et des fanatiques, eux qui n'ont recueilli que l'exil et l'oubli pour prix de leurs bienfaits? Avouons-le : ils auraient le droit de ne plus aimer une terre teinte du sang de Henri IV, de Louis XVI, de Marie Antoinette, de Madame Elisabeth de France, de **M.** le duc de Berry. Et cependant ils l'ont toujours aimée ; ils n'ont pu en détourner leurs regards et leurs pensées dans les tristesses et les amertumes de l'exil.

A voir avec quelle passion nous semblons tenir à la liberté et redouter tout ce qui peut y porter la moindre atteinte, on ne croirait jamais que nous avons supporté le despotisme de Napoléon Ier, l'absolutisme de Napoléon III, l'usurpation des hommes du 4 septembre. Certes, si nous avions été si jaloux de notre liberté, nous aurions été plus soigneux de la défendre. Nous ne l'aurions pas laissée étouffer par des Corses ou par des avocats qui se disaient républicains. Nous l'aurions revendiquée cette liberté, ou tout au moins nous n'aurions pas ratifié des actes qui la confisquaient comme le plébiscite du 8 mai.

Nous disons que nous voulons des libertés. Eh bien ! nous savons par expérience qu'elles ne sont ni dans le gouvernement des Bonaparte, ni dans les essais de républicains qui ne sont pas même libéraux. Nous les trouverons dans une Monarchie constitutionnelle, qui, par son principe, soit appuyée sur la majesté des siècles, dont le rétablissement soit en harmonie avec les besoins et les idées de la société moderne, et dont le pouvoir soit limité par une constitution soumise à l'acceptation des représentants du pays. Avec elle seulement nous jouirons de la vraie, de la sage liberté.

« Il n'y a point de mot, dit l'auteur de l'*Esprit des*
« *Lois*, qui ait reçu plus de différentes significations et
« qui ait frappé les esprits de tant de manières que celui
« de liberté. Les uns l'ont pris par la facilité de déposer

« celui à qui ils avaient donné un pouvoir tyrannique ;
« les autres pour la faculté d'élire celui à qui ils devaient
« obéir ; *d'autres pour le droit d'être armés et de pou-*
« *voir exercer la violence* ; ceux-ci pour le privilége de
« n'être gouvernés que par un homme de leur nation ou
« par leurs propres lois (1). »

Montesquieu définit la liberté : « le droit de faire ce
que les lois permettent (2). » Que de crimes, que d'excès
de despotisme et de tyrannie ont été commis en France
sous le nom de liberté ! C'est avec la fameuse devise :
Liberté, Egalité, Fraternité, que la démagogie a exercé
la tyrannie la plus effrénée, qu'elle s'est attribué un
pouvoir sans limites, et qu'elle a fait périr des milliers
d'innocents.

Les uns voient dans la liberté un droit à tout boulever-
ser, à confondre tous les rangs et à établir une égalité
qui ne peut pas exister et n'existera jamais. D'autres, que
ces excès ont effrayé, ont cru la liberté impossible en
France. Nous n'avons pu éviter deux extrémités qui ont
été la cause de tous nos maux. Le dégoût de la licence
nous a jetés dans le despotisme, et l'horreur du despotisme, nous a rejetés dans la licence. Nous sommes
comme le peuple de Florence qu'un Florentin représentait autrefois « ne se fixant, ne reposant jamais dans
« aucun gouvernement, ne sachant ni jouir de la liberté,
« ni supporter la servitude (3). »

La Monarchie légitime et constitutionnelle peut seule

---

(1) *Esprit des Lois*, liv. XI, CH. II.
(2) *Esprit des Lois*, liv. XI, CH. III.
(3) Hist. de Florence par Machiavel. liv. III*.

nous préserver du césarisme et de l'anarchie, de la licence et de la servitude.

On a appelé la Monarchie constitutionnelle, une République avec un président héréditaire, ou bien une République à la base et une Monarchie au sommet. La Monarchie constitutionnelle est en effet une sorte de République sous une forme rassurante et avec la stabilité que procure l'hérédité.

Ce qui rend certains amis de la liberté hostiles à l'idée de Monarchie, c'est qu'ils croient que la liberté est nécessairement attachée à la forme républicaine. D'autre part, la République est, pour des minorités ambitieuses et turbulentes, un moyen de s'imposer et d'exercer le despotisme sous le nom de liberté.

A Rome, dit un écrivain, où le petit nombre qui était
« réellement maître de tout, sentait qu'une autorité légi-
« time entre les mains d'un seul, mettait fin à ses tyran-
« nies, il faisait accroire au peuple que pourvu que ceux
« qui faisaient mourir militairement, qui les accablaient
« de misère et d'insultes s'appellassent *consules, dictato-*
« *res, patricii, nobiles* en un mot de tout autre nom que
« de l'épouvantable nom de *rex*, ils étaient libres, et
« qu'une aussi précieuse situation mériterait qu'ils souf-
« frissent tout pour la conserver (1). »

Les républicains Français ne raisonnent pas autrement. A leur avis on est libre avec la République, fut-elle la tyrannie, et on ne peut l'être avec la Monarchie repré-

---

(1) *Constitution d'Angleterre*, par M. de Solme, membre du *conseil des deux cents* de la République de Genève. — Genève 1788, t. Ier, CH. V, livre IIme.

sentative, parce qu'elle s'appelle la Monarchie. Il est cependant prouvé par des exemples qu'on peut jouir de la liberté sous une Monarchie, et n'avoir que la servitude sous une République.

Quelqu'un osera-t-il soutenir que la France ait été libre avec la République de 1792, dont le nom est souillé par des crimes exécrables, qui nous a donné la Terreur et qui a immolé d'innombrables victimes sur l'échafaud ? A-t-on joui de la liberté sous la République du 4 septembre, qui, non contente de s'imposer à la France au mépris du suffrage universel, refusa constamment de faire appel à la nation et ne la rendit à elle-même que pour souscrire à une paix accablante qui était devenue inévitable? Ces exemples font assez voir que la liberté n'est pas nécessairement l'apanage de la République. Quel partisan de la liberté, au contraire, n'a cité et ne cite chaque jour avec les sentiments de l'estime et de l'admiration la constitution anglaise? Qui peut nier que cette Monarchie ne nous offre le modèle du plus parfait équilibre, du gouvernement le plus raisonnable, le plus tempéré et le plus fort par sa modération même? Les Anglais avant de jouir de cette sage liberté, essayèrent en vain de l'établir par la démocratie.

« Ce fut un assez beau spectacle, dans le siècle passé,
« dit Montesquieu, de voir les efforts impuissants des
« Anglais, pour établir parmi eux la démocratie. Comme
« ceux qui avaient part aux affaires n'avaient point de
« vertu, que leur ambition était irritée par le succès de
« celui qui avait le plus osé, que l'esprit d'une faction
« n'était réprimé que par l'esprit d'une autre, le gou-

« vernement changeait sans cesse. Le peuple étonné
« cherchait la démocratie, et ne la trouvait nulle part.
« *Enfin, après bien des mouvements, des chocs et des*
« *secousses, il fallut se reposer dans le gouvernement*
« *même qu'on avait proscrit* (2). »

Ce que Montesquieu dit de l'Angleterre, on peut l'appliquer à la France aujourd'hui. On a fait de vains efforts pour établir la liberté avec la République. Quand on propose à la France l'exemple de l'Amérique, on oublie qu'une nation qui a été pendant quatorze siècles monarchique, ne devient pas tout d'un coup républicaine, surtout quand les essais de République qu'elle a tentés ont été marqués par des crimes et par des désastres. Si nous cherchons des modèles parmi les nations étrangères, il est plus naturel et plus sage d'imiter celui de l'Angleterre.

On dit que les Français ne sont pas faits pour copier les Anglais. Mais croit-on qu'ils puissent copier avec plus de succès les Américains qui n'ont rien de commun avec la France par leurs traditions et par leur caractère? La France est monarchique par son tempérament et par tous ses souvenirs. Pour le nier, il faudrait arracher toutes les pages de son histoire. Si on veut lui assurer la liberté, n'est-il pas plus raisonnable de la concilier avec des institutions conformes à ses idées, à ses goûts et à ses habitudes, plutôt qu'avec un gouvernement, dont le seul nom rappelle les dates les plus néfastes de son histoire et qui a toujours été accompagné du meurtre et de la violence ?

(2) *Esprit des Lois.* liv. III, ch. III.

On a pu avoir des illusions. Aujourd'hui elles ne sont plus possibles et il doit suffire d'une cruelle expérience pour nous en corriger. Les faits sont d'accord avec la raison pour conseiller à la France de rentrer dans la voie que la Providence lui avait tracée et hors de laquelle elle n'a trouvé qu'agitations et malheurs sans atteindre à cette liberté qui lui avait servi de prétexte pour rompre avec ses traditions et avec son passé.

La nation Française ne peut trouver la vraie liberté que dans une Monarchie constitutionnelle et héréditaire, représentée par la maison de France.

CHAPITRE QUATRIÈME

LA MAISON DE FRANCE

Le principe de la légitimité a une grande force par lui-même ; mais il en tire une nouvelle de la gloire et de l'antiquité des races qui le représentent. Or il n'y a pas dans l'univers une maison plus ancienne et plus illustre que la maison royale de France dont M. le comte de Chambord est aujourd'hui le chef.

La maison de France a rassemblé tous les genres de gloire : aucune ne lui a manqué, pas même celle du martyre.

« La probité et l'honneur, dit Châteaubriand, étaient
« assis sur le trône de France, comme sur les autres
« trônes la force et la politique. Le sang noble et doux
« des Capets ne se reposait de produire des héros que
« pour faire des rois honnêtes hommes. Les uns furent
« appelés Sages, Bons, Justes, Bien-aimés ; les autres
« surnommés Grands, Augustes, Pères des lettres et de
« la Patrie. Quelques-uns eurent des passions qu'ils
« expièrent par des malheurs ; mais aucun n'épouvanta
« le monde par ces vices qui pèsent sur la mémoire des
« Césars (1). »

(1) Buonaparte et des Bourbons.

La maison de France a donné trente-cinq monarques
à notre Patrie. Dans cette longue suite de rois on trouve
un saint Louis qu'on aime à se représenter dans le Ciel
comme le protecteur de la France et de sa race ; un
Henri IV dont la mémoire chérie des Français est toujours
restée populaire ; un Louis XIV qui mérita de donner son
nom à son siècle ; un Louis XVI qui a été appelé le Christ
de la royauté.

Parmi tous ces rois, les uns ont agrandi la France en
acquérant des provinces, soit par cession, soit par conquête. D'autres y ont fait fleurir les arts et les lettres
Tous ont poursuivi successivement, à travers les siècles,
l'œuvre nationale, la politique française dont l'abandon a
causé notre humiliation et notre abaissement.

La glorieuse branche de Bourbon, issue de Robert de
France, comte de Clermont, sixième fils de Louis, a donné
sept rois à la France, et quels rois ! Henri IV, Louis XIV,
Louis XVI.

« La maison de Bourbon, a écrit M. Guizot, s'est
« montrée digne et capable de la haute mission que la
« Providence assigne aux familles royales ; elle a fidèle-
« ment, habilement et heureusement guidé et servi la
« Nation française dans sa carrière de civilisation et de
« gloire (1). »

M. Thiers, dans un discours prononcé récemment, a
rendu hommage à « cette noble maison de Bourbon dont
« la destinée a été unie toujours aux destinées de la
« France, excepté depuis trois quarts de siècle. »

(1) *La France et la maison de Bourbon avant* 1789, p. 21.

« Je n'hésite pas, ajouta-t-il, à prononcer le nom de la
« maison de Bourbon, et personne ne saurait hésiter à
« prononcer ce nom, car n'est-ce pas en même temps
« prononcer le nom de la France (1) ? »

Chez tous les Bourbons on trouve ces qualités hérédi-
taires, cette valeur et cette bonté inséparables de leur
race, cet esprit chevaleresque et éminemment français
qu'ils se sont transmis d'âge en âge.

Les Bourbons sont morts comme des saints quand ils
ne sont pas morts comme des héros, et l'on avait coutume
de dire : mourir comme un Bourbon.

Leur premier roi, remarque un écrivain célèbre,
tomba sous le poignard d'un fanatique, et Louis XVI
sous la hache de l'athée. Et depuis ils ont vu un prince,
l'espérance de leur race, périr sous le couteau d'un
assassin.

Le meurtrier du duc de Berry croyait assurer l'extinc-
tion de la branche royale ; mais le 29 septembre 1820,
il naissait un prince qui, trompant les desseins criminels
de la Révolution, était appelé l'*enfant du miracle*.

1) Séance de l'Assemblée nationale du 8 juin.

CHAPITRE CINQUIÈME

M. LE COMTE DE CHAMBORD, SA PERSONNE ET SON CARACTÈRE

La figure de M. le comte de Chambord est « très-agréable, franche, ouverte, sympathique (1). » C'est un républicain, M. Charles Didier, qui l'a dépeint ainsi. « Son rire, dit-il, est si franc qu'il est communicatif...,
« son œil d'un bleu limpide, et à la fois vif et doux,
« écoute bien, interroge beaucoup. Il regarde si droit et
« si fixe que je considère comme impossible de lui men-
« tir en face... Il suffit de le voir pour demeurer convaincu
« de sa véracité (2). »

La personne de M. le comte de Chambord respire la noblesse et la bonté. Tous ceux qui l'ont approché ont été frappés de son air à la fois bienveillant et royal, du tour de son esprit, de l'agrément et de la solidité de sa conversation. Il rappelle Henri IV, son aïeul, par la franchise et l'ouverture de son caractère, et Louis XVIII, par son instruction et par son esprit libéral et éclairé.

Son style est empreint d'une éloquence digne, simple

(1) *Une visite à M. le duc de Bordeaux*, par M. Ch. Didier.
(2) *Une visite à M. le duc de Bordeaux.*

et majestueuse ; son langage plein de mesure, de modération et de noblesse. On a senti, toutes les fois qu'il a parlé, que la vérité et l'honneur étaient dans son cœur comme sur ses lèvres.

M. le comte de Chambord a obtenu l'estime de tous les partis. Ceux qui combattent le principe qu'il représente n'ont pu s'empêcher de parler de lui avec respect, et de rendre justice à son caractère et à ses qualités personnelles. La dignité de son attitude, l'unité et la parfaite modération de sa conduite lui ont mérité la considération la plus marquée auprès des cours de l'Europe. Enfin on peut dire, sans crainte d'être démenti, que M. le comte de Chambord est universellement estimé et respecté.

M. le comte de Chambord a prouvé par sa vie entière qu'il n'était pas ambitieux. On lui a reproché ce qu'on a appelé son inaction. Il est vrai qu'il n'a jamais voulu s'emparer de la France par la surprise et par la violence.

Bonaparte, pour parvenir au pouvoir, a tenté par deux fois d'allumer la guerre civile et de renverser le Gouvernement établi. Il a été pris, les armes à la main, à Strasbourg et à Boulogne. Il a violé ses serments après la première de ces tentatives, et en 1852, il les a violés de nouveau, en déchirant une Constitution à laquelle il avait juré fidélité, et en se faisant empereur par le coup d'état du 2 décembre. Les républicains ont eu recours à l'émeute en 1848, et le 4 septembre, pour s'emparer de l'Hôtel-de-Ville et pour s'y faire décerner le pouvoir par les acclamations de la populace.

Jamais M. le comte de Chambord ne consentirait à devoir sa couronne à de pareils moyens. Il s'est borné à rappeler à la France, du fond de son exil, qu'il était « prêt à se dévouer tout entier à son bonheur. »

« Je regarde les droits que je tiens de ma naissance, « écrivait-il à M. Hyde de Neuville, au mois de février « 1844, comme appartenant à la France, et bien loin « qu'ils puissent devenir, dans un intérêt personnel, une « occasion de troubles et de malheurs pour elle, je ne « veux jamais rentrer en France, que lorsque ma présence « sera utile à son bonheur et à sa gloire. »

Il exprimait encore la même pensée le 15 novembre 1869 : « J'ai toujours respecté mon pays dans les « essais qu'il a voulu tenter, écrivait-il ; on a pu même « s'étonner de la persistance d'une réserve dont je ne « dois compte qu'à Dieu et à ma conscience. Mais si les « amertumes prolongées de l'exil pouvaient avoir un « adoucissement, je le trouverais dans la certitude de « n'avoir pas manqué à la résolution que j'avais prise « envers moi-même, de ne point aggraver les embarras « et les périls de la France. »

L'explication de la conduite de M. le comte de Chambord se trouve donc toute entière dans son amour pour son pays, et dans sa crainte d'y faire naître des troubles et des divisions.

Au reste, ceux mêmes qui ont parlé de « l'inaction » de M. le comte de Chambord, et qui la lui ont reprochée, sont aujourd'hui les premiers à reconnaître qu'elle est aujourd'hui un titre de plus ajouté aux droits de sa naissance, parce qu'elle prouve de la manière la plus péremptoire, qu'il n'a jamais convoité le trône par ambition.

M. le comte de Chambord est l'homme le mieux fait pour gouverner, et qui convient le mieux à la situation actuelle. S'il a du penchant à s'effacer et de l'éloignement pour la domination, on ne peut que l'en louer, comme d'une qualité propre à un roi constitutionnel.

M. le comte de Chambord envisage dans la Monarchie plus encore les devoirs qu'elle impose, que les droits qui y sont attachés. Toujours d'accord avec lui-même, et le principe qu'il représente, il l'a fidèlement sauvegardé et maintenu. Ses vues sur le Gouvernement, qu'il a exposées sans détour et sans embarras, sont telles qu'il n'y a pas un partisan de la liberté qui n'y trouve l'expression de ses vœux.

Il disait le 15 novembre 1869, dans une lettre prophétique où il annonçait les malheurs qui menaçaient la France et la société :

« Aujourd'hui comme il y a dix-sept ans, je suis con-
« vaincu et j'affirme que la Monarchie héréditaire est
« l'unique port de salut où, après tant d'orages, là France
« pourra retrouver enfin le repos et le bonheur. Pour-
« suivre en dehors de cette Monarchie la réalisation des
« réformes légitimes que demandent avec raison tant
« d'esprits éclairés : chercher la stabilité dans les combi-
« naisons de l'arbitraire et du hasard ; bannir le droit
« chrétien de la société ; baser sur des expédients l'al-
« liance féconde de l'autorité et de la liberté, c'est courir
« au-devant de déceptions certaines.

« La France réclame à bon droit les garanties du *Gou-*
« *nement représentatif,* honnêtement, loyalement pra-

« tiqué, *avec toutes les libertés et tout le contrôle néces-*
« *saires.* Elle désire une sage *décentralisation adminis-*
« *trative, et une protection efficace contre les abus d'au-*
« *torité.* Un Gouvernement qui fait de l'honnêteté et de
« la probité politique, la règle invariable de sa conduite,
« loin de redouter ces garanties et cette protection, doit
« au contraire les rechercher sans cesse.

« Ceux qui envahissent le pouvoir sont impuissants à
« tenir les promesses dont ils leurrent les peuples, après
« chaque crise sociale, parcequ'ils sont condamnés à
« faire appel à leurs passions, au lieu de s'appuyer sur
« leurs vertus..... Pour la Monarchie traditionnelle,
« gouverner, c'est s'appuyer sur les vertus de la France ;
« c'est développer tous ses nobles instincts ; c'est travail-
« ler sans relâche à lui donner ce qui fait les nations
« grandes et respectées : c'est vouloir qu'elle soit la pre-
« mière par la foi, par la puissance et par l'honneur. »

« Je respecte mon pays autant que je l'aime, écrivait-
« il à Berryer. J'honore sa civilisation et sa gloire con-
« temporaine, autant que les traditions et les souvenirs
« de son histoire.

« Les maximes qu'il a fortement à cœur et que vous
« avez rappelées à la tribune, *l'égalité devant la loi, la*
« *liberté de conscience, le libre accès pour tous les méri-*
« *tes à tous les honneurs, à tous les avantages sociaux,*
« *tous ces grands principes d'une société éclairée et chré-*
« *tienne me sont chers et sacrés comme à vous, comme à*
« *tous les Français.* »

Lorsque M. le comte de Chambord faisait ces déclarations, il n'avait point en vue les circonstances présentes.

Ces opinions sont celles qu'il n'a cessé de professer toute sa vie et dont on trouve la preuve mille fois répétée dans sa correspondance.

Établir une Monarchie constitutionnelle a été la pensée constante de M. le comte de Chambord, et l'on peut dire que le rôle de roi constitutionnel convient admirablement à ses goûts et à son caractère.

M. le comte de Chambord, (chose qui mérite d'être signalée), n'a pas fait un acte, ni écrit une parole qu'on puisse lui reprocher. Il a montré par la manière dont il appréciait les événements, que son jugement ne le trompait point, et qu'aucune des fautes de Bonaparte n'aurait été commise sous son règne.

Il n'eut pas fait la guerre de Crimée, entreprise « pour « des intérêts qui ne sont pas ceux de la France (1). » A propos de la politique de Bonaparte, en Italie, il disait : « il est triste de voir la France servir ainsi d'instrument « contre sa conscience, contre toutes ses traditions, tous « ses intérêts, à des entreprises qui ne peuvent aboutir « qu'à de nouveaux bouleversements (2). »

Dans une lettre remarquable, adressée à M. le général de Saint-Priest, le 9 décembre 1866, il signalait les périls du système d'unitarisme adopté par Bonaparte. Il exprimait la confiance que la France pourrait un jour reconquérir son rang et sa prépondérance. « Mais, ajou- « tait-il, c'est une raison de plus pour ne pas négliger « les conseils d'une politique prévoyante, pour ne pas

(1) Lettre du 9 janvier 1865, à M. Léopold de Gaillard.
(2) Lettre du 25 janvier 1860, à M. Villemain.

« accepter en silence ce que nos pères se sont efforcés
« d'empêcher dans tous les temps, *pour ne pas laisser se*
« *former à nos portes deux vastes états, dont l'un sur-*
« *tout dispose d'une puissance militaire incontestable.* »

En même temps que M. le comte de Chambord a jugé
les événements politiques avec justesse, il n'est pas resté
étranger aux questions sociales de son temps.

A l'égard de la question ouvrière, il estimait qu'il fallait « à l'individualisme opposer l'association ; à la con-
« currence effrénée, le contre-poids de la défense com-
« mune; au monopole industriel, la constitution volon-
« taire et réglée des corporations libres. Il faut rendre
« aux ouvriers, disait-il, le droit de se concerter, en
« conciliant ce droit avec les impérieuses nécessités de
« la paix publique, de la concorde entre les citoyens, et
« du respect des droits de tous. Le seul moyen d'y par-
« venir est la liberté d'association, sagement réglée et
« renfermée dans de justes bornes. »

Les intérêts de l'agriculture ont été aussi l'objet de son
attention. « Il faut, écrivait-il de Venise le 31 mars 1866,
« il faut sans passion et sans esprit de parti, sans idée
« préconçue, sonder toutes les sources du mal, chercher
« de bonne foi les remèdes, et ne rien négliger de ce qui
« peut rendre à l'agriculture appelée, avec tant de raison,
« la mère et la nourrice de la France, toute sa naturelle
« et vigoureuse fécondité..... ceux de nos amis qui sont
« surtout en position de remplir cette tâche, s'applique-
« ront également à éclairer par des publications spéciales,
« les classes agricoles qui, souvent, ne sauraient embras-
« ser dans son ensemble et dans ses détails une si vaste

« question, et ils se feront un devoir de mettre leurs
« loisirs, leurs connaissances, tout leur dévouement à la
« disposition et au service des populations, au sein des-
« quelles ils vivent. »

On a voulu démontrer l'utilité de l'enseignement obligatoire. M. le comte de Chambord s'est prononcé nette-
ment contre cette opinion.

« Préservons, écrivait-il le 30 janvier 1865, les classes
« populaires du joug tyrannique et de l'odieuse servitude
« de l'enseignement obligatoire qui achèverait de ruiner
« l'autorité paternelle et d'effacer les dernières traces du
« respect dans la famille et dans l'État. »

Certaines gens craignent que M. le comte de Chambord
ne soit imbu d'idées d'absolutisme, qu'il ne favorise trop
ses partisans; enfin ils lui font un reproche de sa religion
et ils appréhendent qu'elle ne le porte à se livrer au
clergé.

Les citations de ses écrits qu'on vient de produire
suffisent pour prouver son libéralisme. Mais si l'on ne s'en
rapporte pas à son propre témoignage, on ne récusera
pas celui d'un républicain qui l'avait vu à Frohsdorf. Voici
ce qu'en a dit M. Charles Didier :

« L'esprit de parti se le représente comme un absolu-
« tiste, c'est comme tel qu'il apparaît à la foule du fond
« de son exil. *La vérité est qu'il n'y a peut-être pas*
« *dans toute l'Europe un constitutionnel plus sincère*
« *que lui* (1).

Quant à la partialité dont on le soupçonne à l'égard de

(1) *Une visite à M. le duc de Bordeaux.*

ceux qui sont restés attachés à sa cause et à sa personne, il a prévenu ce reproche et a répété souvent *qu'il ne voulait pas être le roi d'une classe, ni d'un parti, mais le roi de tous.*

« Si jamais la Providence m'ouvre les portes de la
« France, écrivait-il au général Dormadien, *je ne veux*
« *pas être le roi d'une classe, ni d'un parti, mais le roi*
« *de tous.* Le mérite et les services seront les seules
« distinctions à mes yeux. »

Et il mandait à M. le duc de Noailles, au mois de décembre 1850 : « Je sais toutes les difficultés que ren-
« contre le retour au principe de l'hérédité monarchique,
« tant de la part de ceux qui le combattent que souvent
« même par le fait de ceux qui le défendent (1). »

« Aussi, me suis-je constamment efforcé de prouver par
« mes paroles comme par ma conduite, que si la Provi-
« dence m'appelle un jour à régner, *je ne serai pas le roi*
« *d'une classe, mais le roi ou plutôt le père de tous.* »

Dans une lettre du 8 mai dernier, que toute la France a lue et admirée, il écrivait ces paroles :

« On se dira que j'ai la vieille épée de la France dans
« la main, et dans la poitrine *ce cœur de roi et de père*
« *qui n'a point de parti. Je ne suis point un parti, et je*
« *ne veux pas revenir pour régner pour un parti.* Je
« n'ai ni injure à venger, ni ennemi à écarter, ni fortune
« à refaire, sauf celle de la France, et je puis choisir
« partout les ouvriers qui voudront loyalement s'associer
« à ce grand ouvrage.

(2) Allusion aux ultra-royalistes.

« Je ne ramène que la religion, la concorde et la paix,
« et je ne veux exercer de doctrine que celle de la
« clémence, parce que dans mes mains, et dans mes
« mains seulement, la clémence est encore la justice. »

Il reste à parler de la religion, dont certaines gens font un reproche à M. le comte de Chambord, et dont ils se servent pour chercher à lui aliéner des esprits.

M. le comte de Chambord est chrétien, il ne s'en défend pas, il le déclare hautement. Il se souvient qu'il est l'héritier des rois très-chrétiens. La France peut-elle l'en blâmer, elle qui a été appelée la fille aînée de l'Église, elle qui a fait les croisades au cri de : Dieu le veult ! et qui a si bien justifié le vieil adage : *gesta Dei per Francos* ?

La France fut toujours la première des nations chrétiennes. Malgré des gouvernements infidèles à sa foi et à ses traditions, malgré les efforts de l'impiété, elle n'a pas cessé de croire au Dieu qu'invoquait Clovis, à Tolbiac, pour triompher des Allemands. Sa foi est affaiblie, elle n'est pas disparue et on a lieu d'espérer que ses malheurs réveilleront le sentiment de la glorieuse mission que la Providence lui a donnée. La France ne peut pas cesser d'être chrétienne sans cesser d'être la France.

Faut-il donc appréhender qu'elle ait un roi chrétien pour la gouverner ?

« La liberté de l'Église est la première condition de
« la paix des esprits et de l'ordre dans le monde (1). »
M. le comte de Chambord a raison de le dire, et ceux

______

(1) Lettre de M. le comte de Chambord, du 8 mai dernier.

même qui n'ont pas protégé la religion par attachement et par conviction ont senti qu'elle était nécessaire à un État. Louis XVIII disait au clergé : « Faites de mes « sujets de bons chrétiens et vous en aurez fait de bons « Français. »

La religion unit les hommes au lieu que l'impiété les divise, et le Christianisme qui enseigne l'amour de Dieu nous enseigne aussi celui de la Patrie.

Les ennemis de l'Église et de la Légitimité cherchent à réveiller les préjugés et à inspirer de la défiance à l'égard du clergé qu'ils montrent aspirant au retour de M. le comte de Chambord, afin de se rendre maître de son esprit et du gouvernement.

S'il y a un clergé à qui on ne doive pas reprocher de vouloir dominer le pouvoir civil, c'est assurément le clergé de France. Ses détracteurs l'ont accusé d'y être trop soumis. Le clergé de France a reconnu hautement l'indépendance du pouvoir civil et il en a fait l'objet de déclarations célèbres ; il a su concilier au plus haut degré son obéissance et son attachement à ses rois avec son dévouement au Saint-Siège. Les évêques de France n'ont cessé en toute occasion de témoigner le patriotisme le plus sincère. Qui ne se souvient avec quelle éloquence chrétienne et patriotique l'illustre évêque d'Orléans a parlé de la France au début de notre guerre fatale contre l'Allemagne, et qui n'a admiré son attitude si digne et si française, vis-à-vis de l'ennemi ?

Lors même que le clergé aspirerait au pouvoir, M. le comte de Chambord n'admettrait pas qu'il s'immisçât dans les affaires politiques :

« Nul ne doute, écrivait ce prince en 1857, que je ne
« sois disposé à laisser à l'Église la liberté qui lui appar-
« tient, et qui lui est nécessaire pour le gouvernement
« et l'administration des choses spirituelles, et à m'en-
« tendre constamment pour cela avec le Saint Père. *Mais*
« *de leur côté, les évêques et tous les membres du clergé*
« *ne sauraient éviter avec trop de soin de mêler la poli-*
« *tique à l'exercice de leur ministère sacré, et de s'im-*
« *miscer dans les affaires qui sont du ressort de l'autorité*
« *temporelle, ce qui n'est pas moins contraire à la*
« *dignité et aux intérêts de la religion elle-même qu'au*
« *bien de l'État.* »

M. le comte de Chambord ne serait pas moins jaloux
de l'indépendance de l'Etat que de celle de l'Église, et il
résumait ainsi sa pensée en 1859 : « Pleine liberté de
l'Église dans les choses spirituelles, *indépendance sou-*
« *veraine de l'État dans les choses temporelles,* parfait
« accord de l'un et de l'autre dans les questions mixtes,
« tels sont les principes qui, au sein des sociétés chré-
« tiennes, doivent, *aujourd'hui plus que jamais,* régler
« les rapports des deux puissances pour le bien de la
« religion et le bonheur des peuples. »

Loin que la religion de M. le comte de Chambord le
rende intolérant, nous avons vu qu'il met la *liberté de
conscience* au nombre des principes qui lui sont « *chers*
« *et sacrés comme à tous les Français.* » Et sous ce
rapport comme sous beaucoup d'autres, le prince qui
avait dit à l'âge de dix-huit ans qu'il voulait être Henri IV
second, ne pense pas autrement que le roi qui fit l'édit de
Nantes.

M. le comte de Chambord est chrétien par conviction et par tradition, et au lieu de lui en faire un reproche, il en faudrait féliciter la nation qui l'aurait pour roi. Croit-on qu'un peuple ne soit pas plus heureux et mieux gouverné par un prince religieux que par un homme sans foi et sans principes comme Bonaparte? La religion d'un souverain n'est-elle pas pour ses sujets un sûr garant de sa justice, de sa clémence et de sa bonté?

On a entendu des témoignages non suspects rendus à la loyauté de M. le comte de Chambord, à la noblesse de son caractère et à son esprit libéral. On connaît ses propres déclarations qui répondent à tous les reproches et préviennent tous les soupçons.

Les adversaires de la Légitimité et les incrédules ne manquent pas de dire que les princes font de belles promesses en exil et qu'ils ne les tiennent pas toujours quand ils sont sur le trône. Mais outre que la sincérité de M. le comte de Chambord n'est pas mise en doute, même par des gens qui ne sont pas ses partisans, est-ce bien à nous qu'il convient d'être si soupçonneux? Pouvait-on avoir confiance en Bonaparte? Il avait tenté à deux reprises la guerre civile; il avait violé deux fois ses serments, et cependant, en 1852, on lui donna neuf millions de suffrages. Si l'on remettait sans crainte les destinées de la France à un aventurier et à un parjure d'origine étrangère, pourquoi témoignerait-on plus de défiance à l'égard d'un prince français, du chef de la Maison royale de France?

Cessons de demander à des gouvernements de hasard un repos et une stabilité qu'ils sont impuissants à nous donner.

« Les Bourbons seuls conviennent aujourd'hui à notre
« situation malheureuse, sont les seuls médecins qui
« puissent fermer nos blessures. La modération, la pa-
« ternité de leurs sentiments, leurs propres adversités
« conviennent à un royaume épuisé, fatigué de convul-
« sions et de malheurs (1). »

Châteaubriand le disait en 1814. Que de raisons n'a-
t-on pas de le redire aujourd'hui !

Revenons à la Monarchie traditionnelle qui nous a
donné des siècles de gloire, qui peut encore réparer nos
maux et rendre à la France le rang qu'elle occupait.

Après avoir démontré que la République et une Monarchie dépourvue du principe de la Légitimité, ne sauraient s'établir d'une manière durable, ni assurer à la
France l'ordre, la paix et la liberté qu'elle réclame ;
après avoir prouvé que la Monarchie légitime peut seule
lui procurer ces précieux avantages, il reste à parler des
conséquences de son rétablissement en France et en
Europe.

(1) *Buonaparte et les Bourbons.*

CHAPITRE SIXIÈME

CONSÉQUENCES DE LA RESTAURATION DE LA MONARCHIE LÉGITIME EN FRANCE ET EN EUROPE

La France est lasse de révolutions; elle a soif de repos. Est-ce la République qui lui donnera la stabilité si nécessaire après tant d'agitations et de malheurs? La République nous a été fatale toutes les fois que l'essai en a été tenté. En 1793, elle est née dans le sang; en 1870, elle est née de la défaite. Elle nous coûte aujourd'hui des milliards, la perte de deux provinces et la plus terrible insurrection qu'on ait jamais vue. Le seul nom de République rappelle les dates les plus néfastes de notre histoire. La République en France est une période violente ou une nécessité du moment qu'on subit à regret. Deux fois, pour s'affranchir de la République, on s'est réfugié dans le césarisme. Jamais les Français ne la regarderont comme un gouvernement définitif ayant devant lui un long avenir. Ce n'est donc pas la République qui nous donnera ce calme qui naît d'institutions stables consacrées par le temps.

Serait-ce le retour des Bonaparte, qui ont attiré trois invasions sur la France, de cette dynastie funeste qui nous a donné deux souverains, dont l'un, a dit M. Thiers, perdit la France par son génie, et l'autre par son incapacité ? Bonaparte ne peut revenir que par la surprise, par l'intrigue, par des coups d'État, par la guerre civile. Nous savons que ces moyens ne lui répugnent pas et qu'il en a déjà fait usage. Mais supposons que par un concours d'événements imprévus et violents, nous voyions reparaître en France les Bonaparte qui en ont été les fléaux. Si la France, pour comble d'humiliation et de honte, avait encore un Bonaparte à sa tête, on se dirait peut-être qu'il faut le subir quelque temps, mais l'idée d'une nouvelle révolution ne pourrait être écartée des esprits.

La Monarchie légitime est pour nous la seule ancre de salut ; elle seule peut nous empêcher d'être emportés de nouveau sur cette mer des Révolutions où nous avons trouvé tant de naufrages et d'écueils.

La France est isolée en Europe : il lui faut des alliances. La politique de Bonaparte a eu pour résultat de l'en priver. Bonaparte a affecté de jeter une sorte de défi aux maisons souveraines de l'Europe, en représentant son pouvoir comme un *droit nouveau*, supérieur à tous les autres, et au nom duquel les peuples qui avaient conservé leurs souverains légitimes, devaient s'en défaire pour leur substituer des dynasties nouvelles. L'application de cette théorie révolutionnaire a été faite en Italie, où les princes légitimes ont été indignement dépouillés de leurs États, et où l'on a porté une main sacrilége sur le patrimoine de l'Église, sans égard pour un Pontife aussi vénérable par son âge que par ses vertus.

Les souverains aventuriers et révolutionnaires, nous l'avons déjà dit, aspirent à devenir légitimes, et ne pouvant pas l'être, ils travaillent à abattre la légitimité partout où elle subsiste. Napoléon Ier renversait des rois légitimes pour les remplacer par des membres de sa famille.

Napoléon III, dont le pouvoir était né de la Révolution et qui s'était appuyé constamment sur elle, ne pouvait procurer à la France des alliés par lui-même, et il lui a donné de puissants ennemis par sa politique. Il a laissé faire l'unité allemande et il a laissé affaiblir l'Autriche, l'alliée naturelle de la France. L'Italie qu'il a regardée avec raison comme son œuvre, n'a témoigné sa reconnaissance qu'en nous envoyant ses garibaldiens et ses bandits.

Lorsque cette fatale guerre contre l'Allemagne a été déclarée par Bonaparte, la France s'est trouvée sans une seule alliance en face de la puissance militaire la plus redoutable, la plus prévoyante et la mieux organisée.

Après Sedan, les usurpateurs du 4 septembre n'ont rien épargné pour nous aliéner les sympathies des Cours. Ce n'est pas en faisant parade d'idées révolutionnaires, ce n'est pas en réveillant les souvenirs de 1792, odieux à l'Europe, que l'on pouvait obtenir une intervention efficace. Ainsi la guerre commencée sans alliance s'est terminée sous le poids des défaites, sans qu'une seule puissance essayât d'obtenir du vainqueur des conditions moins dures.

On a parlé de ce qu'on a appelé la lâcheté de l'Europe. On lui a reproché son inaction et son apparente indifférence. C'est de l'usurpation des hommes du 4 septembre et de leur politique révolutionnaire qu'il faudrait parler. Un Gouvernement irrégulier et usurpateur n'est pas propre à obtenir de la sympathie, surtout quand il affiche des doctrines haïes de ceux dont on réclame le secours. Que de fois M. de Bismarck s'est fondé, pour continuer la guerre et pour accroître ses exigences, sur ce que la France était sans Gouvernement régulier ! Avec quelle hauteur et quelle joie insultante, il a affecté d'en triompher et de repousser l'intervention des Cours. Les puissances, de leur côté, voulaient bien adoucir la cruelle situation de la France, mais elles ne voulaient pas favoriser un parti qui travaille à saper tous les trônes. De là, l'abandon des puissances qui ont laissé déchirer les traités de 1815, qu'elles avaient signés et qui étaient la sauvegarde de l'équilibre Européen.

Les républicains faisaient bon marché des têtes couronnées. Mais ils se flattaient que la seule proclamation de la République française nous procurerait l'appui de l'Amérique. On n'a pas tardé au contraire à découvrir ses préférences pour la Russie, et son peu de sympathie pour la France, bien qu'elle lui doive son indépendance (ce qui prouve que la reconnaissance n'est pas toujours la vertu des Républiques). L'Amérique est républicaine, et c'est pour cela qu'elle ne peut souffrir les républicains Français qui, la proposant sans cesse pour modèle, n'en ont donné que des parodies ou sanglantes ou grotesques.

« L'Espagne, disait encore le parti républicain, ne manquera pas de nous imiter en adoptant la République. Notre exemple va couper court à ses hésitations. » Ce fut tout le contraire. L'Espagne fut sans doute dégoûtée de la République par l'image qu'elle en avait sous les yeux, et ne voulant pas, par aveuglement, rappeler son souverain légitime, elle aima mieux avoir un roi étranger que de n'en avoir pas.

L'Empire n'a attiré à la France que des ennemis. La République ne lui a donné aucune alliance, pas même celle d'une République.

Le respect que le principe de la Légitimité inspire à l'Europe, la modération et l'esprit pacifique des Bourbons procureraient des alliés à la France et feraient cesser l'isolement où elle se trouve. Il ne faut pas oublier quel ascendant le gouvernement de la Restauration exerça en Europe, après les désastres et les deux invasions qu'avait attirés sur la France le premier Empire.

Le rétablissement de la Légitimité importe à l'Europe, à sa sécurité et à son repos. De la Monarchie française dépendent le repos et la sécurité des autres Monarchies. Sa chute ébranle tous les trônes, son rétablissement les raffermit. Le roi de France était le gardien de l'ordre et du droit dans le monde, le protecteur de la religion, le défenseur de toutes les causes généreuses. Lorsque l'antique Monarchie de Clovis et de saint Louis est tombée, la foi, la justice et l'honneur semblent disparaître avec elle, et quand les droits séculaires de la Maison royale de France sont violés, tous les droits sont méconnus ou menacés.

Les révolutions de la France ne sont pas nuisibles à elle seule. La France est un pays trop considérable par l'étendue de son territoire, par ses ressources et par son commerce, pour que les puissances étrangères ne ressentent pas le contre-coup de ses agitations et de ses révolutions. Il convient donc à la tranquillité générale, que la France ait à sa tête un Gouvernement dont le principe soit la négation des idées révolutionnaires et qui rassure les esprits. Les puissances étrangères n'ont pas vu les révolutions de la France avec moins de mécontentement que d'inquiétude, et c'est ce qui leur a fait désirer son affaiblissement. Elles ont pensé que plus la France serait amoindrie et humiliée, moins elle pourrait propager ces doctrines et ces idées révolutionnaires qui troublent la paix du monde. Mais la Maison royale de France, rétablie sur le trône, dissiperait toutes les craintes et ferait succéder le respect et la confiance à l'aversion et à la défiance. La France serait utile à la civilisation, sans menacer le repos et la sécurité de ses voisins; elle retrouverait sa légitime influence et le rang que Dieu lui a assigné dans le monde.

Ah! si, oubliant des querelles qui ne furent que trop fatales à notre patrie, si, abjurant nos erreurs, nos inimitiés et nos rancunes, nous nous pressions tous autour de la Maison royale de France, si nous revenions à cette Monarchie traditionnelle qui fit notre bonheur et notre gloire, que n'aurait-on pas lieu d'espérer ?

La France, vaincue par ses ennemis et déchirée par des discordes intestines, éprouve ce que l'humiliation et l'adversité ont de plus amer. Ses malheurs sont immenses. Et cependant, quelles belles et glorieuses destinées l'attendent encore, si elle rentre dans la voie que la Providence lui a tracée, et dont l'abandon a été pour elle la source de tant de déceptions et de revers ! Heureuse et respectée sous le règne d'un prince aussi bon et aussi équitable que M. le comte de Chambord, elle continuerait de goûter avec ses successeurs le bonheur et la liberté après lesquels elle aspire.

Le moment est solennel ; il est décisif pour la France. Il s'agit de sa perte ou de son salut.

On ne peut que répéter ce que disait naguère l'héritier de la race de saint Louis : « la parole est à la France, et l'heure à Dieu. »

FIN

TABLE

www.ingramcontent.com/pod-product-compliance
Lightning Source LLC
Chambersburg PA
CBHW061400060726
47597CB00003B/932